W0376877

Über dieses Buch

Popeye Doyle ist der härteste Mann des New Yorker Rauschgiftdezernats. Aber er weiß, daß es nicht viel bringt, Süchtige und kleine Händler in Manhattan oder Brooklyn einzusperren. Denn die heiße Ware kommt direkt aus den Heroin-Labors von Marseille, und nur dort kann die berühmte »French Connection« für immer unterbrochen werden.
Also fährt Popeye ans Mittelmeer. Er versteht die Sprache nicht, er hat keine Kontakte, er kann niemandem vertrauen, die französische Polizei versperrt ihm alle Kanäle. Er weiß nur, daß er Charnier finden muß, die berüchtigte Nummer eins der französischen Unterwelt. Aber die Gangster sind gut vorbereitet und bereiten dem Spürhund aus Übersee einen gebührenden Empfang. So wird Doyles Jagd durch die winkligen Gassen, die kleinen Bars und die Schlafzimmer von Marseille zu einem Kampf um Leben und Tod.

Robin Moore
Milt Machlin

French Connection No. 2

Kriminalroman

Fischer
Taschenbuch
Verlag

Fischer Taschenbuch Verlag
März 1976
Deutsche Erstausgabe

Umschlagentwurf: Jan Buchholz/Reni Hinsch
unter Verwendung eines Filmfotos (Foto: Fox-MGM)

Übersetzt von Michael Roth
Die amerikanische Originalausgabe erschien im Verlag Dell Publishing Co., Inc., New York.

Fischer Taschenbuch Verlag GmbH, Frankfurt am Main
© Copyright 1975 by Robin Moore and Milton R. Machlin
© für die deutsche Ausgabe: Fischer Taschenbuch Verlag GmbH, Frankfurt am Main 1976
Gesamtherstellung: Hanseatische Druckanstalt GmbH, Hamburg
Printed in Germany
580-ISBN 3 436 02344 2

1

Seit ein paar Monaten hatte Popeye Doyle sein großspuriges Auftreten ein bißchen eingeschränkt. Aber Lieutenant Clelland fand das Benehmen des Kriminalbeamten immer noch viel zu aufsässig. Doyle pflanzte sich vor dem Schreibtisch des Leiters der Sondereinheit auf und starrte kühl auf seinen Chef herunter. Er hielt es nicht für nötig, seinen flachen Hut abzunehmen.
»Setzen Sie sich, Doyle«, kommandierte Clelland. Doyles Blick wurde noch feindseliger.
»Ich habe gesagt, Sie sollen sich setzen!«
Widerwillig gehorchte Doyle und ließ sich in den Stuhl neben dem Schreibtisch des Lieutenant fallen.
»Ich wollte doch der erste sein, Doyle, der Ihnen mitteilt, daß Sie versetzt worden sind. Bezirk einsacht. Draußen in Bedford Stuyvesant. Das wird Ihnen sicher Spaß machen, da gibt's 30000 Nigger, die Sie soviel schikanieren können, wie es Ihrem kleinen Herzen gefällt.«
Doyles viereckiges Gesicht ließ keine Reaktion erkennen. So etwas hatte er schon seit ein paar Monaten erwartet, seit er von einem Disziplinargericht der Abteilung freigesprochen worden war. Die Anklage: ein tödlicher Schuß auf einen Bundespolizi-

sten bei der Jagd nach dem Franzosen, der auch noch entkommen war. Die hatten zwar festgestellt, daß der Tod ein Unfall war, aber eine ganze Reihe von Spitzenpolizisten blieben fest entschlossen, Doyle rauszuschmeißen oder ihn wenigstens mal wieder zum harten Dienst auf die Straßen von Brooklyn oder den Bronx zu schicken. Und jetzt hatten diese Hurensöhne sich wohl durchgesetzt.
Al Renaldo und sein Partner Pete Dorrity saßen in Hörweite des Lieutenant herum. Als sie Clellands Bemerkung mitbekamen, konnten sie ein deutliches Kichern nicht unterdrücken. Ganz ruhig drehte sich Doyle zu den beiden Rauschgiftpolizisten um, auch seine Stimme blieb ruhig. »Kann mir hier wohl irgend jemand erzählen, wie es kommt, daß fünf Kilo Stoff einfach verschwunden sind – und zwar in der kurzen Zeit zwischen der Beschlagnahmung bei der Bocca-Familie und der Ablieferung im Arsenal des Präsidiums?«
Ganz plötzlich verschwand das Grinsen von den beiden Gesichtern. »Du bist ja verrückt, Popeye«, sagte Renaldo mit beleidigtem Gesicht. »Jetzt hör' aber wirklich auf, verdammt noch 'mal«, kam das Echo von seinem schielenden Partner. »Was ist denn bloß mit dir los?«
»Was hier los ist?« Doyles Stimme schlug fast über. »Hier ist los, daß Bullen aus dieser Einheit den Gebrüdern Bocca 40 Kilo, 80 Pfund, Heroin abgenommen haben, und von diesen 80 Pfund wurden genau 70 abgeliefert.«
»Und wer hat Ihnen eingeblasen, daß wir 80 Pfund kassiert haben, Popeye?« donnerte Clelland. »Wir haben 70 Pfund aus Tony Boccas Keller geholt und 70 Pfund abgeliefert.«
»Hören Sie mir mal gut zu, Lieutenant«, antwortete Doyle hitzig, »Sie, Renaldo, Dorrity und die anderen haben den Stoff ins Arsenal gebracht. Ich habe Tony Bocca geschnappt. Während ihr die Formulare im Arsenal ausgefüllt habt, habe ich den Haftbefehl gegen Bocca ausgestellt.«
»Na und?« schnauzte Clelland.
»Dabei hatten Tony und ich eine lange, private Unterhaltung. Er hatte solche Angst wegen seines Vaters, seiner Mutter und wegen seiner Frau, daß er zum Schluß richtig vernünftig wurde. Glauben Sie, sonst hätte ich den Staatsanwalt überredet, die Anklage gegen ihn fallenzulassen?«
Erbittert starrten die drei Polizisten ihren aufgebrachten Kollegen an. »Wenn es Ihnen guttut, diesen ganzen Blödsinn auszuspucken, Doyle, dann reden Sie nur weiter«, sagte Clelland.
»Für wie bescheuert halten Sie mich eigentlich?« Doyle sah seinen Vorgesetzten aus zusammengekniffenen Augen an. »Bocca hat mir erzählt, daß er 80 Pfund auf Lager hatte, 70 Pfund wur-

den abgeliefert, okay?«
»Bocca ist doch nur ein kleiner Soldat, was weiß der denn schon?« schnauzte Clelland. Aber um seine Augen und an den Mundwinkeln bildeten sich ängstliche Falten.
»Der weiß auf das Gramm genau, was er hat, denn er kriegt doch sofort einen Eispickel in den Arsch, wenn ihm etwas fehlt, wenn sein Onkel das Zeug zu dem Großen Nigger nach Harlem bringen muß.«
Clelland beschloß, eine andere Taktik gegen den aufmüpfigen Polizisten zu probieren. »Sie wollen mir also erzählen, daß Sie seit vier Monaten von dieser Diskrepanz wissen und sie nicht gemeldet haben? Deswegen könnte ich wieder ein Disziplinarverfahren gegen Sie eröffnen.«
»Jetzt hören Sie doch endlich mit dieser Scheiße auf, Lieutenant«, knurrte Doyle. »Sie kennen die Regeln doch besser als ich. Es gibt keinen schlechten Cop, stimmt's? Das ist doch der Ehrenkodex. Ein Cop sagt nie etwas, das einem anderen Cop schaden könnte, es sei denn er ist ein Spitzel der Inneren Aufsicht. Glauben Sie allen Ernstes, ich wüßte nicht, was mit den fehlenden 10 Pfund passiert ist?«
»Doyle, wegen dieser Versetzung sind Sie endgültig durchgedreht«, stellte Clelland nüchtern fest. »*Ich* habe doch nicht beantragt, daß Sie ans Ende der Welt geschickt werden.«
»Möglich, aber Sie hätten es verhindern können, Lieutenant.«
»Wie dem auch sei, das ist nun mal geschehen. Wenn Sie unglücklich sind, dann tun Sie doch einfach noch anderthalb Jahre Dienst im einsacht und reichen dann Ihre frühzeitige Pensionierung ein. Bei Ihrem Dienstgrad gibt es doch 'ne ganz hübsche Rente.«
Doyle wurde es flau im Magen. Noch schlimmer als die Versetzung in dieses Bullensibirien fand er, daß Clelland ihn wie einen Idioten behandelte.
»Lieutenant, Sie wissen ganz genau, daß ich bessere Informanten habe als irgend jemand sonst in dieser Abteilung, stimmt's? Und ich weiß nun 'mal, daß irgend jemand, der den ganzen Stoff, der im Arsenal aufgehoben ist, in ein chemisches Laboratorium brächte, sicher kein 88 Prozent reines Heroin finden würde. Statt dessen eher hundert Pfund oder mehr Milchpuder, Zucker und Mehl. Und der Schnee ist nicht von Heinzelmännchen aus dem Arsenal geholt worden – da kommen ja nur Cops rein.«
»Erheben Sie den Vorwurf eines Dienstvergehens und fordern Sie eine Untersuchung?« Clelland blickte durch seinen Untergebenen hindurch.
Plötzlich merkte Popeye, daß er einen Fehler begangen hatte.

Natürlich wußte er, daß er recht hatte, aber er wußte auch, daß jeder Lieutenant mit der Hilfe eines höheren Offiziers jeden vorwitzigen Polizisten unter irgendeinem Vorwand kirre machen konnte. Er war zu weit gegangen.

»Nein, Lieutenant, natürlich nicht. Vergessen Sie die ganze Geschichte.«

»Wenn man bedenkt, daß Sie den Großen Franzosen mit einer halben Million Dollar in bar haben entkommen lassen und dabei noch einen Bundespolizisten umgelegt haben, dann ist die Abteilung Ihnen gegenüber doch wohl noch verdammt nachsichtig, Doyle.« Die Augen des Lieutenant glitzerten, und Doyle erkannte den Blick eines Mannes, der bereit war, alles zu tun, um seine Karriere zu retten.

»Vergessen Sie die ganze Geschichte, Lieutenant«, sagte Doyle resigniert. Er gab sich geschlagen.

Der Lieutenant lehnte sich in seinen Stuhl zurück und überlegte. Sein Gesichtsausdruck war jetzt freundlicher. »Wissen Sie was, Doyle, ich glaube, ich habe da eine Idee. Eigentlich sind Sie ein zu wertvoller Mitarbeiter, um da draußen zu versauern. Lassen Sie mich die Angelegenheit mit Inspektor Terpitz besprechen. Heute nachmittag um vier sage ich Ihnen Bescheid, okay?«

Doyle nickte und stand auf. Als er hinausgegangen war, sahen Dorrity und Renaldo ihren Boß an. Der schüttelte nur den Kopf und ging von seinem Schreibtisch weg.

Über die knarrenden Treppen des alten Gebäudes kam Popeye zum Haupteingang des Ersten Reviers von Manhattan, dem Sitz der Rauschgiftabteilung der New Yorker Polizei. Hier hatten sich die entscheidenden Szenen des Falles abgespielt, den die Zeitungen immer nur »French Connection« nannten.

Der Gedanke daran tat Doyle noch heute weh. Da war Charnier, der große Lieferant aus Frankreich, eben die French Connection, der ihm noch einen unverschämten Abschiedsgruß zuwinkte, als sein U-Bahn-Zug losfuhr und Popeye hilflos auf dem Bahnsteig zurückbleiben mußte.

Danach hatte er noch eine letzte Chance, Charnier zu erwischen, als er sich draußen auf der Welfare Island das Geld von Tony Bocca holte. Und bei der großen Schießerei mit Boccas Leuten, bei der Popeye aus Versehen den Bundespolizisten umgelegt hatte, schaffte der Franzose irgendwie das Unmögliche: Er muß eine Pille geschluckt haben, die ihn unsichtbar machte. Denn trotz des dichten Polizeirings verschwand er von der Insel. Mit dem ganzen Geld, das die Bocca-Familie für 120 Pfund Heroin bezahlt hatte: fast eine halbe Million Dollar.

Popeye ging in Richtung South Street. Er schüttelte ärgerlich den

Kopf und nahm sich vor, diese quälenden Erinnerungen zu verscheuchen.

Punkt vier Uhr stand ein ängstlicher Detektiv Doyle vor dem Schreibtisch eines freundlichen Lieutenant Clelland. Als er dazu aufgefordert wurde, setzte er sich. Der flache Hut lag auf seinem Schoß.

»Gute Nachricht für Sie, Popeye. Der Inspektor fand auch, daß wir Sie nicht in Bedford Stuyvesant versauern lassen sollten.« Durch eine Pause machte er die Sache noch spannender. »Nun hat es sich gerade ergeben, daß der Inspektor von höchster Bundesebene darauf angesprochen worden ist, wie der ständige Herointransport von Frankreich – genauer: aus Marseille – nach New York gestoppt werden könnte. Sie wissen ja, daß viel darüber geredet wird, das Heroin an der Quelle abzufangen, in den Laboratorien von Marseille. Aber die Bundespolizei war bisher nicht sehr erfolgreich. Deshalb haben wir uns überlegt, daß niemand so gut wie Sie weiß, wie der Franzose, dieser Charnier, eigentlich aussieht. Schließlich hattet ihr beide hier in New York ja ein Semi-Finale von Angesicht zu Angesicht, und Sie werden den Kerl ja wohl zeitlebens nicht mehr vergessen. Stimmt's?«

»Stimmt genau, Lieutenant«, bestätigte Doyle eifrig. »Den erkenne ich überall, mit oder ohne Bart.«

»Wollen Sie noch einen Anlauf nehmen, ihn zu erwischen?«

»Wollen Sie mich verarschen? Ob ich will? Ich denke doch an nichts anderes mehr! Wo ich auch hingehe, halte ich nach ihm Ausschau, falls er wieder in New York sein sollte.«

»Er ist in Marseille, das wissen wir. Die französische Polizei war uns da keine große Hilfe. Sie sagt, sie habe nichts über ihn vorliegen. Aber wenn Sie nach Marseille führen und mit denen zusammenarbeiteten, könnten Sie ihn doch finden. Falls Sie das machen, bekommen Sie jede Unterstützung von den Bundespolizisten in Marseille und der französischen Polizei, um ihn zu verhaften, und wir sorgen dann für seine Auslieferung.« Clelland machte wieder eine Pause, um die Wirkung seiner Worte zu testen.

»Na, Popeye, was sagen Sie dazu?«

»Wann geht mein Flugzeug?«

Clelland nickte erfreut. »Genau das wollte ich hören. Aber das wird alles nicht ganz einfach. Erstens können wir Ihnen nur Urlaub geben und Empfehlungen an die Polizei in Paris und Marseille. Die Kollegen in Marseille werden Ihnen einen Schreibtisch zur Verfügung stellen und bieten Ihnen einen halboffiziellen Status und Zusammenarbeit an. Den Rest müssen Sie selbst erledigen. Weitere Fragen?«

»Nur noch eine. Ich habe nicht genug Geld für eine Fahrkarte nach Brooklyn, geschweige denn nach Frankreich.«

»Sie bekommen Fahrkarten und soviel Spesen, wie wir aus unserem Etat herausquetschen können. Aber das wird verflucht wenig sein, und Sie werden tief in Ihre Matratze packen müssen, um den Rest zu bezahlen. Na ja, immer noch besser als die Kongopatrouille am Stadtrand, und außerdem eine Chance, Ihren alten Job zurückzubekommen.«

»Den Franzosen werde ich mir kaufen, darauf können Sie jede Wette eingehen, Lieutenant!« Doyles Kinn wurde wie ein Fels, seine Augen glänzten fanatisch. Sein Eifer, die Rechnung mit dem Franzosen zu begleichen und seine alte Stellung zurückzugewinnen, hatten scheinbar seinen in 20 Dienstjahren erworbenen Polizisten-Instinkt ausgeschaltet, diese übersensible Fähigkeit, drohende Gefahr zu wittern, die im Revier-Jargon kurz »Straßen-Grips« genannt wird. Die Körpersprache, der Tonfall des Lieutenant und sein urplötzlicher Wandel von Feindseligkeit zu Freundschaft lösten nicht das Warnsignal aus, das normalerweise in Popeyes Kopf aufgeleuchtet hätte. Er fragte sich zwar, warum sein Boß ihn auf einmal unterstützte. Aber dann dachte er, daß man ihn einfach bestechen wollte, damit er nichts über die verschwundenen Heroinvorräte im Arsenal verriet.

Die Fahrt nach Frankreich war ein geschenkter Gaul, in dessen Maul Doyle nicht zu schauen gedachte. Im Gegenteil, er setzte jeden Cent, den er hatte, darauf, daß dieser Gaul siegen würde.

2

Ein guter Rat: Sie wollen nach Frankreich reisen. Ihr Aufenthalt wird um vieles angenehmer, wenn Sie die Landessprache beherrschen. Nichts ist so schmeichelhaft für die Einheimischen wie ein Ausländer, der seine Wünsche in ihrer eigenen Sprache ausdrükken kann. Haben Sie keine Angst, diese Worte auszusprechen. Benutzen Sie dabei die phonetische Umschreibung in diesem Buch...

Popeye Doyle nickte über dem rot-weiß-blauen Taschenbuch ein, und *Französisch auf Reisen* fiel unbemerkt zu Boden. Der Zug fuhr jetzt durch die Dörfer der Provence mit ihren Dachziegelhäusern unter einem strahlend blauen Himmel. Zypressen standen aufrecht wie schwarze Finger gegen den Horizont, und die Sonne sprang in silbernen Strahlen über die Blätter der Olivenbäume.

Schwerfällig öffnete Doyle ein Auge und sah die riesigen Wohnblöcke der Vororte von Marseille. Das alles sah zwar nicht gerade aus wie die ersten Häuser von Brooklyn, aber Südfrankreich hatte er sich doch anders vorgestellt. Sein Abteil war schon lange leer. Der letzte Passagier, ein blonder Teenager in Jeans, war in Aix-en-Provence ausgestiegen. Popeye hatte versucht, sie mit ein paar Sätzen aus dem Berlitz-Buch anzusprechen. Ohne Erfolg. Sie zog sich in eine Ecke des Abteils zurück und vertiefte sich in ihre Bücher. Nach acht Stunden Zugfahrt kratzte sein Bart, und wenn er sich über den Nacken fuhr, hielt er kleine Klümpchen aus Dreck in der Hand, die er dann aus dem Zugfenster schnippte. Er beugte sich vor und schob die Hose wieder über die Socken, denn sie war so weit hochgerutscht, daß der Revolverhalfter mit dem kleinkalibrigen Browning fast zu sehen war. Der Schaffner, der ein bißchen Englisch sprach und die Stationen ausrief, steckte den Kopf durch die Tür. »Marseille halbe Stunde, okay?«

»Okay«, sagte Doyle.

Der Schaffner lächelte, als hätte er gerade eine Doktorarbeit in Anglistik abgegeben. Doyle stolperte zu der Waschkabine am Ende des Wagens, um sich wenigstens den Anschein eines menschlichen Aussehens zu geben. Wieder im Abteil, stopfte er den Sprachführer in seine Tasche und holte eine Akte aus der Mappe neben seinem Sitz. Sie enthielt eine Liste der Gegenstände, die in Charniers Manteltaschen in seiner Hotelsuite in New York gefunden worden waren. Im Schrank hatte er noch eine Streichholzschachtel, ein paar Bus-Fahrscheine und einige Telefonnummern, mit denen Doyle auch nichts anfangen konnte, hinterlassen. Das war alles.

Mit zischenden Luftbremsen fuhr der Zug in den *Gare St. Charles* ein. Auf dem Bahnsteig suchte Popeye einen Träger für seine beiden Samsonite Koffer, aber er sah, daß alle Passagiere nach kleinen Korbwagen griffen, wie sie zu Hause in Supermärkten gebraucht werden. Also nahm er sich auch einen, packte die Koffer und den Regenmantel darauf und legte die Aktenmappe mit seinem 38er direkt vor sich in den kleinen Korb.

Der junge Beamte der amerikanischen Bundesbehörde für Rauschgiftfragen in Paris hatte ihm kaum Informationen gegeben. Nur den Namen von Frank Kilian, den er hier im amerikanischen Konsulat kontaktieren sollte, und den Namen eines Hotels: das *Terminus*. »Das finden Sie am leichtesten. Ist direkt im Bahnhof. Sie sehen überall große Schilder.«

Doyle schob seinen Wagen an den Erfrischungsständen und Kiosken vorbei. Als er ein Neonschild mit der Inschrift *Terminus* sah, ließ er den Karren stehen und schleppte die Koffer durch die Halle. Zu seiner Überraschung war die Halle des Hotels ganz

modern und sauber. Er stellte das Gepäck vor dem Empfang ab und klopfte auf das Pult.
»Spricht hier jemand Englisch?«
»Natürlich, M'sieur, was können wir für Sie tun?«
»Haben Sie ein Zimmer für ein paar Wochen, einzeln?«
Die Frau hinter dem Pult war in mittleren Jahren, ihre Haare fingen gerade an, grau zu werden. Sie erinnerte Doyle an seine Biologielehrerin in der Schule, Miss McNally. Sie blickte mehrere Male kurz zu ihm auf, während sie ihren Zimmerplan prüfte.
»Wir können Ihnen ein Einbettzimmer mit Bad für 160 Francs zur Verfügung stellen, Sir.«
Doyle wußte, daß fünf Francs soviel waren wie ein Dollar. Das hieß also mehr als 30 Dollar die Nacht. »Jesus, haben Sie nichts billigeres? Wissen Sie, ich reise auf eigene Kosten.«
»Tut mir sehr leid, M'sieur, das Hotel ist fast vollständig belegt. Wenn Sie ein billigeres Zimmer wünschen, kann ich selbstverständlich für Sie anrufen?«
»Klar, wenn Sie das machen«, sagte Doyle. »Eher sowas wie 15 Dollar die Nacht, vielleicht auch zehn.«
Die Frau wählte eine Nummer und wechselte rasch ein paar Worte. Dann richtete sie sich wieder an Doyle. »Ich habe ein Zimmer für Sie. Ich schreibe Ihnen den Namen des Hotels auf eine Karte. Die geben Sie dann dem Taxifahrer. Oder, wenn Sie laufen wollen, finden Sie es gleich am Ende der Treppe vor dem Bahnhof.«
»Ich gehe zu Fuß«, sagte Doyle. »Zeigen Sie mir nur die Richtung.«
»Gehen Sie nur die große Treppe hinunter, dann kommen Sie auf einen Platz, den *Place des Marseillais.* Rechts sehen Sie dann das Hotel, *Hotel de l'Univers.* Wie Ihr Wort Universum. Geben Sie dort einfach die Karte ab, man weiß Bescheid, daß Sie kommen.«
»Na, dann vielen Dank«, sagte Doyle und griff nach seinen Koffern.
Als er aus dem Hotel kam, fuhr ein Taxi auf ihn zu. Ein dunkelhäutiger Junge mit einem dünnen Schnurrbart saß am Steuer und grinse ihn an. »Sie wollen Taxi, Mister?« fragte er auf Englisch.
»Laß mal«, sagte Doyle. »Ich gehe zu Fuß.« Dabei ging er schon auf die Treppe zu. Sie war mindestens 200 Meter lang, und Doyle bereute schon, daß er sich für diesen Fußmarsch entschieden hatte. Aber er wollte keinen Ärger mit den Taxichauffeuren hier haben, bis er sich halbwegs auskannte. Auf halber Strecke setzte er die Koffer ab und wischte sich über die Stirn, denn er sah eine Bar mit Tischen auf einer Terrasse, und er bekam ungeheure Lust auf ein Bier. Aber er wußte ja nicht einmal, wie man hier eines be-

stellte. Also wollte er sich doch lieber erst einnisten, bevor er sich mit diesen Problemen beschäftigte.
Er erkannte das Schild des *Little Palace Hotel* und – weiter rechts unten – das *Hotel de l'Univers.* Auf dem Schild waren zwei Sterne. Doyle überlegte, ob das ein gutes Zeichen wäre. Denn er hatte bemerkt, daß das *Terminus* vier Sterne gehabt hatte. Er nahm noch einen Anlauf und schob die Koffer in die Hotelhalle.
Ein kräftiger, untersetzter Mann mit Halbglatze saß hinter dem Empfangspult und las *Le Provençal.* Doyle gab ihm die Karte, die er eine Minute betrachtete. Er kratzte sein unrasiertes Kinn, dann öffnete er die Tür hinter seinem Stuhl und rief: »Coco! *Viens*!«
Ein rothaariges Mädchen mit einem runden, kleinen Busen und strahlenden Lächeln kam heraus. Der Mann deutete mit dem Daumen auf Doyle und sagte nur: *»Américain.«*
»Sie wünschen Zimmer?« sagte das Mädchen lächelnd.
»Ja, ich wünsche Zimmer«, sagte Doyle. »Nicht mehr als 10 Eier pro Tag, 50 Francs, mit Bad.«
»Ihr Paß, bitte«, sagte sie.
Doyle gab ihn ihr. Das Mädchen durchblätterte ihn und füllte einen kleinen Zettel aus. »Sie sind Detektiv?«
Zu spät fiel Doyle ein, daß der Paß seinen Beruf verriet. »Stimmt, ich mache gerade einen kleinen Urlaub.«
Das Mädchen holte einen Schlüssel an einem großen Kupferetikett von dem Wandbrett. »Folgen Sie mir.«
Sie drängten sich in einen winzigen, offenen Fahrstuhl, sie zog die Tür mit der Hand zu und drückte auf den Knopf mit der Zahl 4. Langsam ächzte der Fahrstuhl nach oben. Doyle kam sich wie auf einem Präsentierteller vor. Er konnte durch die Messingstäbe nach draußen sehen, und von der Treppe aus konnte man hereinschauen. Das Mädchen sah gar nicht übel aus – ein bißchen zuviel Make-up vielleicht, aber sehr schöne Zähne. »Sprechen Sie Englisch«, fragte er.
»Ein wenig«, lächelte sie.
»Wo gibt's denn Putz in dieser Stadt?« fragte Doyle.
»Pardon?«
»Na ja, Putz, wissen Sie: Tanzen, Trinken, Vögeln.«
Das Mädchen sah verwirrt aus »Putz?« Dann lächelte sie verständnisvoll. »Marseille guter Putz!« sagte sie.
Der Messingkäfig kam mit einem Ruck zum Stillstand. Coco ging voran durch den schmalen Flur, der mit einem abgetretenen grünen Teppich belegt war. An den Zimmertüren klebten kleine weiße Emailleschilder mit blauen Nummern. Das Zimmer war etwa vier mal vier Meter groß, mit hoher Decke und einem Doppelfenster. Dahinter entdeckte Doyle einen schmalen Balkon,

der nicht einmal so groß war, daß eine Person darauf stehen konnte. Das Mädchen deutete auf eine Nische mit einem Vorhang: »Der Bad.« Dann war sie plötzlich verschwunden.
Doyle setzte die Koffer ab und sah sich um. Das Doppelbett hatte ein modernes Kopfende mit Regalen. An der Wand hing ein altmodisches Telefon, daneben standen eine Kommode mit einem großen Spiegel, ein paar alte Stühle, und darüber war eine lilafarbene und blaue Abbildung von einem Mädchen mit nackten Brüsten befestigt.
Seine Nieren drohten zu zerspringen. Doyle trat in das Badezimmer und sah in einer Ecke eine Badewanne, rechts ein Waschbecken mit Spiegel und daneben eine ovale Porzellanschüssel, die aussah wie eine Toilette ohne Sitz. Ein gottverdammtes Bidet. Aber in diesem Zimmer war einfach keine Toilette. Doyle riß den Reißverschluß seiner Hose herunter und zielte mit dem gelben Strahl auf die weiße Schüssel.
Er machte sich gerade wieder die Hose zu, als es kräftig an die Tür klopfte. Ein magerer Junge, wahrscheinlich Anfang 20, stand vor ihm. Er war groß und hatte gelbe, verfaulte Zähne.
»Mr. Doyle?« fragte er.
»Ja.«
»Polizei. Würden Sie bitte mit mir kommen?«
Doyle fragte sich, wer seine Ankunft gemeldet haben konnte.
»Warum soll ich denn mit Ihnen kommen? Ich gehe morgen aufs Präsidium.«
»Nein, Sie werden bitte jetzt mitkommen«, sagte der Junge.
»Zeigen Sie mir erst einmal Ihren Scheißausweis!«
»Da ist er.« Der Junge faßte in sein gestreiftes Jackett, und Doyle starrte in die Mündung einer 9 Millimeter Beretta.

3

Draußen wartete ein Citroën DS-19 mit laufendem Motor. Am Steuer saß ein untersetzter Mann mit krausem grauem Haar. Er trug einen leichten braunen Ledermantel, der zu seiner dunklen Hautfarbe paßte. Er hatte lange, lockige Wimpern, die ihm ein fast mädchenhaftes Aussehen verliehen, aber die Pupillen waren weit und glänzend.
Kokain, dachte Doyle.
Mit der Beretta schob der Junge Doyle in den Citroën und ließ sich in die weichen Sitzkissen fallen, während das Auto schon auf die Fahrbahn schwenkte und sanft über den Boulevard d'Athènes glitt. Es bog in die Cannebière ein, Marseilles geschäftige Haupt-

straße. Der Junge saß ein ganzes Stück von Doyle entfernt, die Beretta hielt er locker im Schoß fest. »Sprichst du Englisch?« fragte Doyle.
»Genug.«
»Wohin fahren wir?«
Der Junge lächelte, gab aber keine Antwort.
Als der Citroën auf den Alten Hafen zufuhr, erkannte Doyle die Masten der Fischerboote und Yachten, die in den Himmel ragten. Vor ihnen lagen die Kräne und Baulöcher der neuen Metro von Marseille. Plötzlich steckte der Wagen in einer Verkehrsstauung, gegen die die *rush-hour* in New York ein Wochenendvergnügen war. Ein Polizist in einem weißen Verkehrshäuschen blies hektisch in seine Trillerpfeife und versuchte vergebens, das Chaos des Berufsverkehrs zu entwirren.
»Weißt du was, mein Junge«, sagte Doyle. »Ich glaube, du hast dir die falsche Tageszeit für diese kleine Entführung ausgesucht. In diesem Tempo werden wir niemals irgendwo ankommen. Und du solltest zweimal darüber nachdenken, was ich dir jetzt erzähle. Ich drücke jetzt diese Klinke nach unten und springe nach draußen. Ihr habt keine Chance, mit diesem Wagen davonzukommen. Also müßt ihr ihn stehenlassen, und die Polizei findet auf jeden Fall den Besitzer heraus, wer immer das sein mag. Ich glaubt doch wohl selbst nicht, daß dies eine günstige Gelegenheit ist, mich zu erschießen, stimmt's, Junge? Also, seid ganz ruhig, wahrscheinlich habt ihr ja noch einmal eine Gelegenheit, mich zu erwischen. Auf Wiedersehen im Billardsalon!«
Dabei griff Doyle nach der verchromten Klinke und stieg aus. Die beiden Franzosen blieben wie vom Donner gerührt in ihrem Citroën. Sie waren erst knapp fünf Minuten unterwegs gewesen, und Doyle hatte keine Schwierigkeiten, den Weg zurück zum Boulevard d'Athènes zu finden.
Im Hotel sagte er dem Concierge, er solle das Mädchen holen. »Coco«, sagte er. »Die Englisch spricht. Hol' sie!«
»Coco«, wiederholte der Mann verständnislos. »Ah, Coco!« Wieder rief er in den Raum hinter der Tür, und sie war nach ein paar Sekunden zur Stelle.
»Sag' diesem Kerl, er soll mich gefälligst anrufen, wenn jemand nach mir fragt, kapiert? Te-leh-foneh, verstehst du?«
»Wenn jemand fragt, wollen Sie Telefon in Ihr Zimmer«, sagte Coco.
»Richtig, Mädchen, du bist wirklich ein kleiner Schlaukopf, du hast es richtig mitgekriegt.«
»Il veut qu'on lui donne un coup de fil si on le demande.«
Der Concierge nickte geistesabwesend.
Oben untersuchte Doyle das Zimmer. Er wohnte weit oben, und

von draußen konnte niemand hereinkommen. Das Türschloß war nicht besonders stabil, und jemand mit einer starken Schulter konnte es leicht eindrücken, aber Doyle überlegte sich, daß die beiden Typen ihn hier im Zimmer ohne Schwierigkeiten hätten erledigen können, wenn sie das gewollt hätten. Trotzdem schob er die Kommode vor die Tür. Dann öffnete er die Aktenmappe, nahm den 38er heraus und schob ihn unter das Kissen. Aus dem Koffer nahm er eine der beiden Flaschen Jack Daniels, die er mitgebracht hatte. Er überlegte, ob er unten Eis bestellen sollte, glaubte aber nicht, daß er diesen Wunsch über das Telefon verständlich machen konnte. Außerdem hätte er dann wieder die Kommode von der Tür wegschieben müssen. Von der langen Zugfahrt war er erschöpft, und obwohl es noch früh war, konnte er die Augen nicht lange genug aufhalten, um zu überlegen, was der Junge wohl von ihm wollte. Er zog die zerknautschte Hose aus, streifte sie glatt und legte sie unter die Matratze. In der Unterwäsche stieg er ins Bett und zog sich die französische Decke über die Schultern. Er schlief sofort ein.

4

Marseille war schon seit dreizehn Jahrhunderten Seehafen gewesen, als arabische Seefahrer hier zum ersten Mal Opium aus dem Orient entluden. Während der nächsten Jahrhunderte wurden Millionen Süchtige geschaffen; zuerst Opiumraucher, dann Morphiumverbraucher und schließlich Heroinsüchtige. Heroin wurde zunächst als Hustenmittel erfunden und sollte dann als Wundermedizin eingeführt werden, um Morphiumabhängige von ihrer Sucht zu heilen.

Trotz seiner wichtigen Rolle als Mittelmeerhafen wurde Marseille erst in den 50er Jahren dieses Jahrhunderts das internationale Zentrum der Heroinverarbeitung, nach einem langen Krieg zwischen mächtigen sizilianischen Banden.

Zuerst lag die Kontrolle des Heroingeschäfts in den Händen der Brüder Guerini, zwei Korsen, die Reichtum und Macht erobert hatten, als sie während des Zweiten Weltkrieges der Gestapo halfen, die von den Kommunisten geführte Widerstandsbewegung gegen die deutsche Besatzungsmacht zu bekämpfen. Nach dem Krieg waren die Guerinis und ihre Verbündeten mit Geldern des amerikanischen Geheimdienstes CIA wesentlich daran beteiligt, die Macht von Frankreichs wichtigster Gewerkschaft, der CGT, zu brechen. Sie benützten ihren Einfluß auch dazu, dem antikommunistischen Sozialisten Gaston Defferre ein Abonnement auf das Amt des Bürgermeisters zu verschaffen. Als Gegenleistung für diese politischen Manöver gewannen die Guerinis – und später ihre korsischen Rivalen, die Venturis – die Kontrolle über den Hafen von Marseille und damit schließlich auch über den ungeheuer profitablen Heroinhandel mit den USA.

Die Guerinis hatten schon früh entdeckt, daß Morphiumbasis ein ideales Schmuggelmaterial war. Als Puder ist sie unzerstörbar und kann in jede Form gebracht und in jeden Behälter gesteckt werden. Wenn sie zu einer kartonartigen Platte gepreßt wird, paßt sie tadellos in einen Koffer mit doppeltem Boden. Sie paßt in einen Reservereifen, in die Luftbremsen eines Lastwagens oder in die ausgehöhlte Figur einer Statue aus der T'ang Dynastie.

Die türkische Provinz Afyon war das Zentrum des Anbaus von Opium-Mohn gewesen, seit das Rauschmittel in der zivilisierten Welt konsumiert wurde. Aber in den späten 60er Jahren verkündete die türkische Regierung, sie würde mit Hilfe einer amerikanischen Finanzspritze von 3 Millionen Dollar den Anbau der weißen Blume zurückschrauben und schließlich ganz unterbinden.

Die Handelsverbindung, die Opium und Morphiumbasis aus der Türkei in die Tag und Nacht arbeitenden Laboratorien von Marseille zur Weiterverarbeitung zu hochwertigem Heroin transportierte, mußte den neuen Verhältnissen angepaßt werden. Die Korsen, die in Übereinstimmung mit der sizilianisch-amerikanischen Mafia die Operationen zwischen dem Nahen Osten und Marseille durchgeführt hatten, waren bereit, die Herausforderung anzunehmen. Tausende ihrer Landsleute waren zu Beginn des französischen Kolonialkrieges in Vietnam nach Indochina gegangen. Viele waren auch nach der Niederlage der Franzosen dort geblieben, um lukrative offizielle Export-Import-Firmen und noch gewinnbringendere Schmuggelunternehmen für Zigaretten, gestohlene Antiquitäten und vor allem Opium zu betreiben. Daher bedeutete die türkische Entscheidung, den Mohnanbau zurückzuschrauben, nur eine Steigerung der orientalischen Produktion von Morphiumbasis (die zehnmal leichter zu transportieren ist als Rohopium, da sie nur ein Zehntel des Platzes benötigt). Zusätzliche Transportwege waren leicht zu finden. Natürlich war es leicht, unter den vielen tausend Tonnen Fracht, die in Marseilles neuem Tiefseehafen La Joliette täglich ankommen, eine Tonne Morphiumbasis zu verstecken, ohne Aufsehen zu erregen. Schließlich war der Schmuggel nichts Neues, nur eine Erweiterung des illegalen Handels, um den neuen Bedarf des Marktes zu decken. Und die Achse Sizilien-Korsika war von erstaunlichem Erfindungsreichtum.

Während Popeye Doyle die Zeitdifferenz zwischen Amerika und

Europa ausschlief, fuhr gerade ein Beispiel dieses genialen Schmuggelwesens an den westlichen Inseln vorbei auf die Hafeneinfahrt von Marseille zu. Der kleine japanische Frachter ließ mit seiner Spitzengeschwindigkeit von 8 Knoten rasch den St.-Jean-Turm aus dem 15. Jahrhundert hinter sich und war bald im Hafengebiet.

Beobachtet wurde seine Ankunft von einem schlanken jungen Mann in einer weißen Jahrhundertwende-Villa an der Corniche John F. Kennedy. Er war von einer Eleganz, wie sie nur bei wohlhabenden Franzosen anzutreffen ist: Gucci Schuhe, ein beigefarbenes Jackett aus Tweed und ein schwarzer Kaschmir-Pullover. Ein starkes Fernrohr von Zeiss war auf ein Stativ in der Nähe des Fensters gebaut. Befriedigt beobachtete der junge Mann das rasche Vorankommen des Frachtschiffs und drehte sich dann zu dem älteren Mann um, der sich in der Ecke einen Scotch zurechtmachte. *»Ça va! Elle arrive«*, sagte er.

Lächelnd kam der grauhaarige Mann herüber und warf einen kurzen Blick durch das Glas. Dann nahm er seinen Drink und zog sich in den hinteren Teil der Villa zurück.

Der Frachter dampfte weiter nach Westen, bis er nicht mehr zu sehen war. Im Morgengrauen hatte er seine gesamte Fracht an einem der fingerartigen Docks von La Joliette ausgeladen und war jetzt an ein Trockendock angeschlossen. Mit einer Pumpe wurde der Wasserspiegel in dem Becken gesenkt, und die Handwerker befestigten ihre Holzgerüste, damit das Schiff nicht umkippen konnte.

Der Kapitän des Frachters, ein grauhaariger Japaner mit einer verschmutzten weißen Mütze, beobachtete den Beginn der Reparaturarbeiten. Von seinem Platz auf der Brücke aus konnte er sehen, daß ein grauer Mercedes 220 SL auf das Schiff zufuhr. Der Wagen rumpelte über die Ladegleise und parkte. Der elegante junge Mann in dem Kaschmir-Pullover stieg aus und schlenderte an den Rand des Trockendocks. Sein Blick traf den des Japaners, er tippte kurz mit dem Zeigefinger an den Kopf und nickte einmal. Das Nicken des Kapitäns war kaum zu bemerken. Mit einem leichten Lächeln ging er dann zur anderen Seite der Brücke hinüber, um die Arbeit der Docker zu überwachen. Der junge Mann stieg wieder in den Mercedes, drehte einen Kreis um einen riesigen Kran und fuhr weg.

5

Doyle wachte gegen acht Uhr auf. Als erstes sah er das Bild des Mädchens mit den nackten Brüsten. Der Anblick war ihm überhaupt nicht vertraut, und es dauerte ein paar Sekunden, bis ihm wieder klar war, wo er sich eigentlich befand. Stöhnend griff er nach dem Glas neben dem Bett und trank den Rest des lauwarmen Jack Daniels. Dann schlurfte er in das Badezimmer hinter dem Vorhang und urinierte in das Bidet. Mürrisch überlegte er, ob er nicht ein anderes Zimmer nehmen sollte, vielleicht auch ein anderes Hotel, mit einem Klo im Zimmer. Als er dann das ganze Gesicht voll Rasierschaum hatte, klopfte es an die Tür.

»Wer ist denn da, verflucht noch 'mal?«

»*Petitdéjeuner.* Frühstück.«

Das war Cocos Stimme. Doyle hätte sie ja gerne im Zimmer gehabt, aber dann dachte er an die Kommode vor der Tür und den Schaum in seinem Gesicht. »Laß es vor der Tür stehen!« brüllte er.

Sein Freund Feder hatte ihn vor der Abreise gewarnt. Feder hatte schon einmal Urlaub in Europa gemacht, und er sagte, dort bekäme man bitteren Kaffee und seltsame, süßliche Brötchen zum Frühstück. Doyle überlegte, ob es in dieser gottverdammten Stadt wohl irgendeinen Ort gäbe, wo man von richtigem Orangensaft und ordentlichen Eiern auf Englisch angelacht würde. Irgendwie bezweifelte er das und holte sich also das Frühstück ins Zimmer. Natürlich war der Kaffee verdammt bitter und schmeckte nach Zichorie; da half auch keine Milch, von der es in der zweiten Kanne auf dem Tablett reichlich gab. Und die kleinen Brötchen schmeckten einfach nach nichts. Doyle beeilte sich, das Zeug herunterzuwürgen. Dann holte er seine erholte Hose unter der Matratze hervor, legte seine Bewaffnung um – den Browning an die Waden, den 38er unter die Jacke – und ging nach unten.

Ein Taxi brachte ihn zum amerikanischen Konsulat in der Rue d'Armeny in der Nähe der Place de la Préfecture. Die Uhr stand bei 4,60, und Doyle gab dem Fahrer sechs Franc-Münzen. Damit schien der äußerst zufrieden zu sein. Popeye beschloß, das nächste Mal weniger zu geben.

Das Mädchen im Empfang erkundigte sich nach Doyles Namen und rief dann John Hyde an, den Mann von der Rauschgiftbehörde, dessen Namen er von diesem Idioten in Paris bekommen hatte. Nach ein paar Minuten war der Mann unten.

»Hi, ich bin Johnny Hyde. Sie sind Doyle?«

»Stimmt«, sagte Doyle.

»Tut mir leid, daß wir hier dieses ganze Theater mit Abholen im

Empfang veranstalten, aber das ist eine Sicherheitsfrage«, sagte Hyde im Aufzug. »Eigentlich ist es völliger Quatsch, aber eben Routine.« Er war etwa 25, groß, sah gut aus und hatte einen blonden Spitzbart. Über dem Hemd trug er eine Weste mit Revers. Der Junge ist knapp ein Jahr hier, dachte Doyle, und schon sieht er aus wie so ein Franzose.

»Ich stelle Sie meinem Boß vor«, sagte Hyde, als sie im dritten Stock angekommen waren. Er führte Doyle in ein großes, helles Büro. Als erstes bemerkte Popeye eine Weltkarte mit lauter Stecknadeln, dann eine Kiste Beefeater und eine Kiste Smirnoff. Hinter dem Schreibtisch saß ein gedrungener Mann mit einem scharfgeschnittenen Gesicht, das von langen Koteletten eingerahmt war. Er nahm seine randlose Brille ab, stand auf und streckte die Hand aus.

»Sie sind Doyle, stimmt's?«

Doyle hatte das Gefühl, daß der Mann vollständig im Bild war.

»Stimmt«, sagte er nur.

»Setzen Sie sich.«

Doyle ließ sich in den Ledersessel fallen, und Harry Lawton, der Chef der Rauschgiftbehörde in Marseille, lehnte sich zurück und preßte seine Fingerspitzen gegeneinander. »Was können wir für Sie tun, Doyle?«

Popeye holte den Brief, der ihn als Angehörigen der Drogenabteilung der New Yorker Polizei auswies, aus der Tasche. Lawton überflog ihn ohne großes Interesse.

»Was haben Sie hier vor?«

»Ich werde diesen Hurensohn Charnier finden«, sagte Doyle.

Lawton gestattete sich ein dünnes Lächeln. »Sie machen wohl einen Scherz. Wissen Sie denn, daß in dieser Stadt anderthalb Millionen Menschen leben? Wie wollen Sie da Charnier finden. Sie haben hier keine Vollmachten und keine Kontakte. Sie sprechen die Sprache nicht, und wenn Sie hier den wilden Mann spielen, bringen Sie unsere ganzen Operationen durcheinander. Das begreife ich nicht.«

Doyles Gesicht wurde rot vor Wut. »Hören Sie, erledigen Sie Ihren Job, ich kümmere mich um meinen. Sie wissen doch, was dieses Schwein Charnier gemacht hat.«

»Klar«, sagte Lawton. Er stand auf und blickte aus dem Fenster. »Ich weiß aber auch, daß Sie bei der Jagd nach ihm einen unserer besten Agenten umgelegt haben.«

»Wovon reden Sie eigentlich, Mann?« sagte Doyle. »Das war doch nicht meine Schuld.«

»Der Typ ist jedenfalls tot«, sagte Lawton ruhig. »Ich wüßte nicht, wie wir Ihnen hier helfen könnten.«

»Sagen Sie mir einfach, wo das Polizeipräsidium ist. Um den Rest

kümmere ich mich selbst.«
»Hyde, schreiben Sie ihm die Adresse auf«, sagte Lawton. Er drehte sich zu Doyle um. »Hören Sie mir einmal gut zu. Ich habe nichts dagegen, daß Sie versuchen, Charnier aufzutreiben, obwohl es außerhalb meiner Vorstellungswelt liegt, wie Sie das anstellen wollen. Aber mischen Sie sich nicht in unsere Angelegenheiten ein. Wir haben ein paar Jahre gebraucht, um soweit zu kommen, wie wir jetzt sind, und ich habe keine Lust, mir das von irgend jemandem ruinieren zu lassen. Gefressen?«
»Wenn ihr Typen aus diesen Bundesschulen kommt, ist wohl euer Arsch schon aus Papier«, sagte Doyle und steckte die Adresse ein. »Ich informiere Sie, wenn ich etwas herausfinde.«
»Herzlichen Dank«, sagte Lawton.
Doyle stürmte aus dem Büro und knallte die Tür hinter sich ins Schloß. »Warten Sie, Hyde muß Sie runterbringen«, schrie Lawton hinter ihm her. »Das ist eine Sicherheitsfrage.«
Im Korridor legte der junge Mann mitfühlend eine Hand auf Doyles Schulter. »Ich weiß schon, daß wir ein bißchen hart mit Ihnen umgesprungen sind, Mann«, sagte er. »Aber das ist hier ein arg frustrierender Dienst. Die neuen Leute bei den *stupes* – so nennt man hier die Rauschgiftpolizisten vom *Bureau des stupéfiants* – haben einfach nicht viel Erfahrung. Meistens geben wir ihnen einen Tip, sie können jemanden schnappen, und dann wird der Typ auf geheimnisvollen Befehl aus Paris plötzlich laufengelassen. Unser einziger Vorteil ist, daß wir für Informationen etwas zahlen können – so 500 Dollar für jedes Kilo, das wir kassieren. Die *stupes* dürfen das nicht – das französische Gesetz erlaubt das nicht, und außerdem haben die hier sowieso kein Geld. Ich weiß ja nicht, wer auf die Idee gekommen ist, Sie hierher zu schicken, aber Sie stehen hier jedenfalls auf verlorenem Posten.«
Der Aufzug war angekommen. »Wissen Sie was?« sagte Doyle, als sie im Erdgeschoß ankamen. »Ich glaube, ihr vom Bund seid zu blöd, um mit zwei Händen euren eigenen Arsch zu finden.«

6

Das Polizeipräsidium war hinter der Kathedrale in der Rue Antoine Becker, ganz in der Nähe des Alten Hafens. Es war ein auseinandergezogenes, altes Gebäude, das deutlich an das Drogenbüro im Ersten Revier von Manhattan erinnerte. Die müssen einen speziellen Architekten gehabt haben, der überall auf der Welt Polizeireviere entworfen hat, dachte Doyle.
Als er an die hohen Eisengitter um das Präsidium herankam,

wurde ihm ein seltsamer Anblick geboten. Große Tiefkühllastwagen parkten im Hof. Entladen wurden sie von Polizisten in Hemdsärmeln, die Unmengen von gefrorenem Fisch auf bereitstehenden Tischen ausbreiteten. Das Ganze wirkte wie ein riesiger Marktplatz. Hinter den Tischen standen noch mehr Polizisten in Uniform oder in Zivil, die die Fische untersuchten, ihre Bäuche aufschlitzten, ihre Finger hineinsteckten, die Eingeweide herauszerrten und die Überreste dann in Abfalleimer warfen.
Wieder andere Polizisten bearbeiteten den Teil der Beute, der noch gefroren war. Sie benutzten Sägen oder Messer, um die Fische zu öffnen. Einige tauchten die hartgefrorenen Körper auch in heißes Wasser, um sie aufzutauen. Der Boden war besät mit unzähligen Fischaugen, und die Pflastersteine waren durch das Eis und die Schuppen ganz glitschig geworden. Die Polizisten schimpften, lamentierten und machten Witze, aber es war offensichtlich, daß niemand diesen Job besonders schätzte, vor allem weil jetzt die Sonne anfing, die Fischladung aufzuheizen.
Doyle holte sein Notizbuch aus der Tasche, in dem er sich den Namen des verantwortlichen Beamten für das Drogendezernat in Marseille aufgeschrieben hatte: Henry Barthelmy. Am Tor stand ein Polizist, zu dem Doyle hinging. »Bar - tell - mie«, sagte er mit Betonung.
Der Uniformierte sah ihn verständnislos an und schüttelte den Kopf. Doyle schlug wieder das Notizbuch auf und legte den Zei-

gefinger auf den Namen. Jetzt nickte der Polizist und deutete auf einen Mann mit schwarzen Locken, der in Hemdsärmeln an einem Fisch arbeitete. Doyle bemerkte, daß er zwar untersetzt war, aber noch nicht den geringsten Fettansatz zeigte. Die Hände, die durch die schleimigen Innereien glitten, waren behaart und muskulös.
Zusammen mit ihm arbeiteten zwei andere Kripo-Männer, Gérard Miletto, ein kleiner, drahtiger Typ mit grauen Haaren und Raoul Diron, ein eher athletisch wirkender, jüngerer Detektiv, der die Fracht mit der Ladeliste eines Schiffes verglich. Doyle ging zu dem stämmigen Inspektor hinüber, zückte seine Polizeimarke und wedelte damit durch die Luft. »Doyle«, sagte er. »New York.«
Barthelmy rümpfte leicht die Nase. Doyle war nicht ganz sicher, ob das wegen des Fischgeruchs war, oder wegen seines Namens.
»Ich bin Barthelmy«, sagte der Mann. »Wir haben Sie erwartet.«
»Sie sprechen Englisch, das ist eine Erleichterung«, sagte Doyle.
Barthelmy nahm eine tropfende Hand aus dem Fisch und streckte sie Doyle entgegen. Popeye sah ihm in die Augen, packte die glitschigen Finger und schüttelte sie. »Was macht ihr denn hier?« fragte er. »Ne kleine Freizeitbeschäftigung? Dabei ist doch gar nicht Freitag.«
»Rauschgift!« sagte Barthelmy.
Miletto und Diron beugten sich über ihre Fische. Sie wollten mit dieser Unterhaltung nichts zu tun haben.
»Verstecken die das hier in Fischen?« schrie Doyle, um sich trotz des Lärms von allen Seiten verständlich zu machen. »Das ist wirklich eine neue Methode, Stoff zu nehmen: ihn einfach auffressen.«
Barthelmy reagierte nicht, sondern nickte nur kurz mit dem Kopf in Richtung der beiden Männer neben ihm. »Das sind die Inspektoren Miletto und Diron. Sie werden Sie bei Ihrer Arbeit unterstützen.«
Hastig verstaute Doyle die Hände in den Taschen, damit er die schleimige Prozedur des Händeschüttelns nicht noch einmal auf sich nehmen mußte. Stumm nickten die beiden Männer und gingen wieder an die Arbeit. Jetzt kamen auch die anderen Männer herüber, schüttelten die Köpfe und hielten die Arme in die Höhe, um zu zeigen, daß in den Fischen einfach nichts zu finden war. Wütend schickte Barthelmy sie wieder auf die Suche.
Hinter den Polizisten stand eine Gruppe marokkanischer Fischer, die lautstark in ihrem Dialekt protestierten. Offensichtlich verstand der Polizist, der auf sie einredete, kein Wort. Schließlich begann er jedoch zu begreifen, nickte grimmig und kam zu Barthelmy herüber. Er gab einen kurzen Bericht über die Äußerungen

der Fischer. Doyle hörte zu, verstand aber nicht einmal den Sinn. »Was hat er gesagt?« fragte er.
Offenbar sprach Miletto ebenfalls Englisch. »Er sagt, daß uns jemand in den April geschickt hat. Heute ist der 1. April. Gibt es das bei Ihnen nicht?«
Doyle konnte sein Grinsen nicht unterdrücken, aber Barthelmys Lippen waren eng zusammengepreßt. Er hatte Schwierigkeiten, seine Wut zu verbergen. Miletto versuchte, ein leichtes Lächeln zu verbergen. Barthelmy wandte sich an den Kripo-Beamten, der mit den Marokkanern verhandelt hatte. »Schickt sie mit ihren stinkenden Booten zurück nach Afrika! Wenn wir diese Bastarde noch einmal in Marseille zu Gesicht bekommen, sind sie erledigt«, sagte er.
Und Raoul gab er die Order: »Schafft diesen Mist zurück in die Lastwagen!«

Im Präsidium gab es einen geräumigen, vermoderten Waschraum, in dem sich die angeekelten Polizisten säubern konnten. Barthelmy wischte sich gerade die Hände ab, als Miletto mit einem Aktenordner zu seinem Vorgesetzten kam. Doyle erkannte das Siegel der Stadt New York und das Zeichen der New Yorker Polizei. Barthelmy las daraus vor: »Doyle, 42 Jahre, Spitzname: Popeye. Niedlich, wie Popeye der Seemann. Essen Sie auch so viel Spinat?«
Doyle war stocksauer. »Wie kommt es denn, daß Sie meine Personalakte in diesem Scheißhaus lesen? Ist das auch einer von euren ... äh ... Aprilscherzen?«
»Nein, ich lese sowas eigentlich nur hier«, meinte Barthelmy und widmete sich wieder der Akte. »Na, schau mal an, 60 Kilo reines Heroin! War'n guter Fischzug, was? *Regardez*, Miletto, wir haben einen richtigen Cowboy aus dem Wilden Westen bei uns!«
Doyle versuchte, Barthelmy die Akte wegzunehmen. Der steckte sie sich aber unter den Arm. Wütend fragte Doyle: »Wer zum Teufel hat Ihnen das Ding gegeben?«
»Hören Sie, Mister Popeye«, sagte Barthelmy kühl, »man hat mich aufgefordert, Ihnen zu helfen. Das heißt, ich habe nicht darum gebeten, daß Sie hierher kommen. Aber ich wollte natürlich gerne wissen, mit wem ich es zu tun habe. Und das habe ich in diesem Ordner gefunden.«
Noch einmal öffnete Barthelmy die Akte. »Nach Ihrer großen, heroischen Verhaftung sind die 60 Kilo in der Versenkung verschwunden, stimmt's? Mitten aus dem Polizeipräsidium, steht hier. Waren das vielleicht Ihre Freunde?«
»Meine Freunde sind noch im Dienst«, sagte Doyle einfach. Aber ihm war jetzt klar, daß Barthelmy einen direkten Draht zur

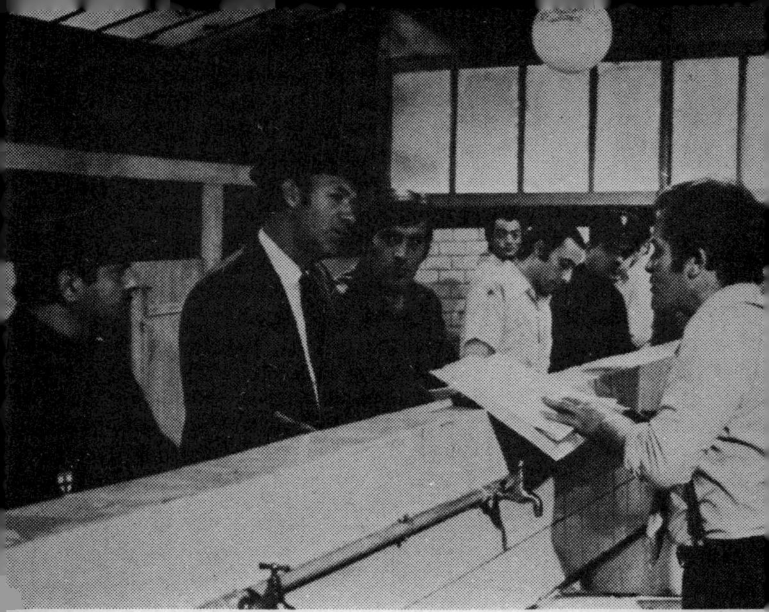

New Yorker Polizei haben mußte. Denn die Geschichte vom Verschwinden des Heroins aus dem Arsenal des Präsidiums war erst am Tag vor seinem Abflug bekannt geworden. Einzelheiten waren ohnehin nicht nach außen gedrungen.
Barthelmy klappte die Akte zu. »Wie viele Menschen haben Sie getötet?«
Doyle begriff, daß er mit diesem französischen Bullen jetzt schon überkreuz lag. »Jetzt machen Sie aber mal 'nen Punkt! Was soll der Mist? Bin ich zum Verhör hier? Arbeiten wir beide nun zusammen, oder werde ich hier als eine Art verdächtiges Subjekt geführt?«
»In Ihrer Akte steht, daß fünf Menschen auf Ihr Konto kommen. Keine schlechte Bilanz!«
»Jetzt hören Sie mir mal gut zu«, sagte Doyle hitzig. »Ich bin schon verdammt lange ein New Yorker Cop, und das Heroin aus Ihrem Marseille hat wesentlich mehr Leute umgebracht als ich.«
Barthelmy wollte gerade antworten, als Miletto ihm den Aktenordner aus den Händen nahm. Offenbar wollte er diesen Streit beenden. »Warten Sie, ich zeige Ihnen Ihr Büro«, sagte er zu Doyle. »Folgen Sie mir bitte.« Seine Stimme war wesentlich sanfter als die von Barthelmy.
Als sie gerade den Waschraum verlassen wollten, rief Barthelmy ihnen nach: »Zwei Ihrer Opfer bei der großen Verhaftung waren

Polizisten, stimmt's?«
Verbittert blickte Doyle zurück. »Steht alles in der Akte, Henry, einfach durchlesen!«
Der Kriminalbeamte führte ihn auf die andere Seite der Waschraumwand und deutete auf einen lädierten Schreibtisch aus Mahagoni. Das Geräusch der Toilettenspülung war hier noch deutlich zu hören. Entschuldigend sah Miletto seinen amerikanischen Kollegen an. »Wissen Sie, wir haben sehr wenig Platz und keinen Etat für zusätzliches Personal. Ein Telefon war einfach nicht zu bekommen, aber wir konnten wenigstens ein Telefonbuch für Sie auftreiben.«
Er öffnete eine Schublade und zeigte auf den rot-weißen Wälzer. »Und diese Schublade rechts oben ist verschließbar. Hier ist der Schlüssel.« Er reichte ihm ein altmodisches Rieseninstrument.
»Sie machen wohl einen schlechten Scherz, was?« sagte Doyle. »Kommen Sie, darüber muß ich mit Henry reden. Wo ist sein Büro?«
Durch ein Vorzimmer mit ein paar Anti-Rauschgift-Plakaten und leeren Stühlen führte Miletto ihn in Henry Barthelmys Allerheiligstes. Doyle mußte zugeben, daß das auch nicht gerade ein Palast war und sich im Vergleich zum Büro des Drogenmenschen im amerikanischen Konsulat etwas dürftig ausmachte. Aber immerhin standen da ein moderner Stahlschreibtisch und ein neuer Safe. An der Wand hing eine Karte des Hafens von Marseille und eine Weltkarte, auf der die wichtigsten Herointransportwege mit rotem Klebeband gekennzeichnet waren. Die meisten Bänder verbanden Istanbul mit Mittelmeerhäfen wie Beirut und Athen oder mit München. Fast alle trafen in Marseille zusammen, nur einige gingen direkt von München nach Amsterdam.
»He, Henry, es geht einfach nichts über 'ne freundliche Atmosphäre!« schimpfte Doyle gleich los. »Ist Ihnen eigentlich klar, daß Sie mich praktisch ins Scheißhaus gepackt haben? Bloß ein Schreibtisch, keine Ruhe, keine Wände, kein Telefon – dagegen sind unsere Armenhäuser ja Prunkbauten!«
Barthelmy lächelte. »Sie vermissen wohl Ihre Yankee-Büros? Hier in Frankreich haben wir kein Geld für ausgefallene Möblierung. Außerdem haben wir Sie nicht gerufen, und mehr können wir nicht erübrigen.« Seine Stimme war gleichgültig und zu keinem Kompromiß aufgelegt. »Wenn Sie Heimweh haben, können Sie gerne zurückfliegen. Oder soll ich eine Büchse Spinat kommen lassen?«
Doyle lief rot an. »Hören Sie mal, Barthelmy, wann hören Sie endlich auf, gequirlte Scheiße zu reden? Ich wäre wirklich lieber ein Laternenpfahl in New York als Präsident von Frankreich, aber ich habe hier nun 'mal einen Job zu erledigen. Ich werde Charnier

fangen und dahin bringen, wo er nie mehr das Tageslicht zu sehen bekommt, selbst wenn ihr das nicht schafft oder nicht schaffen wollt!«

Barthelmy lehnte sich in seinen Drehstuhl zurück und klatschte applaudierend in die Hände. »Na Bravo, nun wird alles gut«, sagte er. »Heute ist der Tag X, die Amis sind in Marseille gelandet!«

Aber plötzlich war der ironische Tonfall aus Barthelmys Stimme verschwunden, und er war nur noch Polizist. »Passen Sie auf, Doyle, was diesen Charnier angeht, den Sie angeblich finden können, den gibt es einfach nicht. Jedenfalls ist das garantiert nicht sein Name. Und daher gibt es zweitens keine Unterlagen über diesen Vogel. Hier nicht, in Paris nicht, in den Staaten nicht. Keiner unserer Spitzel kennt jemanden, der so heißt oder Ihrer Beschreibung von ihm entspricht. Die umfassendste Akte über ihn steckt in Ihrem Dickschädel. Im übrigen«, fügte Barthelmy nun noch hinzu, »sind *Sie* es ja wohl gewesen, der diesen Charnier hat entwischen lassen!«

Verzweifelt biß sich Doyle in die Lippen. »Daran brauchen Sie mich nicht zu erinnern. Das weiß ich nur zu verdammt genau!«

Dieses Eingeständnis schien Barthelmys Feindseligkeit etwas zu dämpfen. »Kommen Sie, ich habe zu tun. Sie können uns begleiten, aber nur als Beobachter. Sie tragen doch keine Waffe? Sie wissen, daß es für Ausländer verboten ist, selbst für Polizisten.«

Doyle spürte den Druck des 38er auf den Hüften und des Browning an den Waden. Wenn Barthelmy den Revolverhalfter an der Hüfte noch nicht bemerkt hatte, war er kein Polizist. Doyle beschloß jedoch, daß diese Frage nur eine Formsache war. Mit aller falschen Offenheit, die er aufbringen konnte, sah er den Abteilungsinspektor an. »Nein, keine Angst, ich bin nackt. Ich arbeite streng nach Vorschrift. Sie haben doch meine Akte gelesen.«

»Deshalb frage ich Sie ja«, sagte Barthelmy nur.

7

Im Hof der *Préfecture* stiegen Doyle und Barthelmy in den glänzenden schwarzen Citroën DS-19 der *Police Judiciaire.* Er war nicht besonders gekennzeichnet, hatte aber Blaulicht und Sirene, die den Weg freimachten, als Miletto in hohem Tempo durch die Straßen raste. Neben ihm saß Diron und sprach über Funk mit der Polizeimannschaft, die schon vor Ort arbeitete. Aber trotz des heftigen Einsatzes der Sirene dauerte es eine Weile, bis der Citroën sich einen Weg durch die engen, alten Straßen des Stadtviertels Panier bahnen konnte. Dort war der Cours St. Eloi in hektischer Aufregung, und das Bild erinnerte etwas an die Fisch-Szene im Hof des Präsidiums. Sechs Kleinbusse von Peugeot blockierten die Zufahrt zu dem Altstadtplatz, dessen Gebäude so aussahen, als stammten sie noch von den phönizischen Ureinwohnern der Stadt. Diese alten Häuser schienen sich gegenseitig zu stützen – wenn man einen Stein wegnähme, würde sofort der ganze Platz zu einem riesigen Schutthaufen zusammenfallen. In fast allen Fenstern waren Menschen zu sehen, die kräftig auf die Polizisten schimpften, die unten auf der Terrasse von Manfredis Pizzeria arbeiteten.

Die Arbeit der Uniformierten war hart. Auf allen Tischen und Stühlen der Restaurant-Terrasse lagen Berge von Fischen. Die Gäste waren aufgesprungen; viele von ihnen benutzten die Gelegenheit, ohne zu zahlen wegzulaufen, einige schnappten sich dabei auch noch einen Fisch und wickelten ihn in Zeitungspapier. Manfredi, ein beleibter Italiener mit einem kräftigen Schnauzbart, brüllte wie ein Wahnsinniger. Wild beschimpfte er die Polizisten, die damit beschäftigt waren, Fische auf sein Mobiliar zu schütten – und dem Geruch war zu entnehmen, daß die Tiere nicht mehr allzu frisch waren. »*Cochons, Salauds, Sales espèces de con!*« schrie er mit überschnappender Stimme.

Barthelmy verbeugte sich mit gespielter Höflichkeit vor dem rasenden Italiener. »*Un joyeux premier avril à toi aussi.*«

Das war die Rache für den fischigen Aprilscherz von heute morgen, vermutete Doyle.

»Das war kein Aprilscherz von mir«, sagte Manfredi. »Ich schwöre es beim Leben meiner Mutter.«

Barthelmy blickte hinüber zu der dicken Alten, deren Schnurrbart fast so dicht war wie der ihres Sohnes. Sie fuchtelte mit einem Fischmesser durch die Luft und übertönte mit ihrem Geschrei alle anderen. »Wer deine *Mutter* ist, *weißt* du ja wenigstens«, sagte Barthelmy trocken.

Mit dem Kopf gab er Miletto und Diron ein Zeichen. Die beiden hoben vier Stühle auf, die von den Polizisten umgeworfen worden waren, und stellten sie um den Tisch. Barthelmy bedeutete Doyle, Platz zu nehmen. »Was essen Sie, Popeye?«

Verblüfft starrte Doyle ihn an. »Sie meinen, daß Sie hier nach diesem kleinen Scherz noch *essen* wollen? Sie müssen wahnsinnig sein! In Harlem würden die Ihnen in die Suppe pissen.«

Barthelmy tat, als hätte er das nicht gehört. »Die Bouillabaisse ist sehr gut. Das ist eine köstliche Fischsuppe.«

»Oh je, wegen des ganzen Fischgestanks muß ich sowieso fast kotzen. Wenn Sie nichts dagegen haben, nehme ich eine Pizza.«

Obwohl Manfredi ganz in der Nähe stand, stand Barthelmy auf

und rief zu Mutter Manfredi im Inneren des Hauses: »*Trois bouillabaisse et un pizza pour notre copain de NEW YORK!*« Doyle bemerkte, daß Barthelmy die Worte New York besonders betonte, und er spürte, daß mehrere Zuschauer auf dem Platz ihn daraufhin genau musterten. Es war offensichtlich, daß sich eine Menge der Anwohner fragten, wer dieser Ausländer wohl sei. Und es war genauso klar, daß Barthelmy sich alle Mühe gab, ihre Neugier zu befriedigen.

Doyle sagte nichts dazu. Er meinte nur: »Sag' ihnen, sie sollen die Anchovis weglassen, Henry.«

Auf der anderen Straßenseite sah Doyle schon vier oder fünf Leute, die mit keinem anderen Zweck, als ihn genau zu beobachten, vor dem Restaurant auf und ab schlenderten. Was soll's, dachte er. Einmal hatten sie ihn ja sowieso schon hochgenommen, und hier als Köder herumzusitzen, war vielleicht der beste Weg, Charnier zu finden. Sonst fiel ihm auch keine Möglichkeit ein.

Während sie auf die Bestellung warteten, setzte sich Manfredi, dessen andere Gäste alle gegangen waren, zu ihnen an den Tisch. Wütend, aber mit leiser Stimme protestierte er. Doyle verstand die Worte nicht, bekam aber den Ton der Sache mit.

»Ihr Bullen kommt hierher und ruiniert mir das Geschäft«, sagte Manfredi. »Ich bin erledigt. Und ihr erwartet noch von mir, daß ich euch etwas erzähle. Warum sollte ich euch noch einmal einen Tip geben?«

»Aus einem ganz einfachen Grund«, sagte Barthelmy mit aufrichtigem Gesichtsausdruck. »Wenn du das nicht machst, lasse ich diese Spelunke zumachen, setze dich auf die Straße und erzähle dem ganzen *Milieu*, wer für uns gespitzelt hat. Daß du uns Informationen lieferst, heißt noch lange nicht, daß ich mir alles von dir bieten lassen muß. Nun, du hast ja wohl etwas für uns. Das will ich wissen, und zwar sofort. Wenn du dich stumm stellst, wird diese kleine Party vom ersten April zum ersten Mai ausarten.«

Manfredi schluckte ängstlich. Er sah sich um und versuchte, aus dem Blickfeld der Nachbarn und der scheinbar teilnahmslosen Passanten zu rutschen. Er stützte sich mit dem Ellbogen auf dem Tisch auf und legte sich die Hand vor den Mund. »Ich bin nicht sicher, was das bedeutet. Aber mein Vetter ist Wasserinspektor in Aubagne. Er hat mir erzählt, daß in der Rue Galice sehr viel Wasser verbraucht wird.«

Miletto gab Doyle eine Erklärung. »Er gibt uns einen Tip. Er sagt, daß in einem kleinen Haus in einem Vorort besonders viel Wasser verbraucht wird. Sie wissen ja, daß die Morphiumbasis in den Laboratorien mit Wasser gereinigt wird.«

In diesem Moment kam Mutter Manfredi und setzte formlos einen Riesenteller mit Fisch und einen Suppentopf zusammen mit Doyles Pizza auf den Tisch. Doyle freute sich, daß sie genauso aussah wie in Manhattan. Der erste Biß schmeckte gut, obwohl die Kruste etwas zu weich war. Aber dann knirschte es plötzlich zwischen seinen Zähnen. Er hatte das Gefühl, daß seine Füllung für 200 Dollar hinaussprang, und irgend etwas schnitt ihm ins Zahnfleisch. Wütend spuckte er aus, was er im Mund hatte. Vor ihm bildete sich ein Blutfleck auf der Terrasse. »Was zum Teufel ist denn da drin? Das schmeckt ja wie Glas!«
Er untersuchte die Pizza genau und holte mehrere Stücke glänzenden Kristalls aus dem Käse. »Das *ist* auch gottverdammtes Glas!«
»Ich hatte mir gedacht, daß sie sowas unternehmen würden«, sagte Barthelmy gleichmütig. »Sehen Sie, in der Bouillabaisse ist es auch. Die hassen nicht nur Amerikaner.«
Hinter ihrem Herdfeuer lächelte Mutter Manfredi voller Seligkeit. Sie hatten etwas zu essen verlangt? Sie hat ihnen etwas zu essen gegeben.

8

Der japanische Kapitän hatte die verschmutzte weiße Mütze abgenommen und die Uniform der Handelsmarine ausgezogen. In einem engen Konfektionsanzug kam er aus der Kabine. Eine Sonnenbrille mit dicken Gläsern verdeckte seine Augen. Um die Schulter trug er eine Tasche mit einer Nikon EF, einer ganzen Reihe von Filmen und einem zusätzlichen Objektiv. Gekrönt wurde diese Ausrüstung von einer spitzen Golfmütze. Alles in allem machte der Kapitän den Eindruck eines typischen Touristen, der mit einer Reisegesellschaft rund um das Mittelmeer fuhr.
Er ging die Gangway der *Kyoko Maru* hinunter und winkte dem jugoslawischen Ersten Maat, der die Brücke übernommen hatte, noch einmal kurz zu. Vor einer der Lagerhallen war eine Telefonzelle. Umständlich betrat er sie, holte eine Lederbörse aus Florenz aus der Tasche und schüttete eine verwirrende Münzensammlung auf das Telefonbuch: japanische Yen, vietnamesische und libanesische Piaster, portugiesische Escudos, D-Mark, Schweizer Franken und auch ein paar französische Geldstücke. Nachdenklich fischte er einen halben Franc heraus. Aus einem Seitenfach der Börse nahm er einen winzigen Zettel mit einer Nummer, die er nach gründlicher Lektüre der Gebrauchsanwei-

sung an der Wand dann wählte.
Als eine kultivierte Stimme antwortete, schob er die Münze ganz in den Schlitz und meldete sich in tadellosem Französisch. Schließlich hatte er fast während des ganzen Zweiten Weltkrieges auf einem Minensuchboot in Hanoi gearbeitet.
In dem kurzen Gespräch gab er sich durch seinen Code-Namen *Capitaine Nemo* zu erkennen. Daraufhin diktierte ihm die kultivierte Stimme ausführliche, wenn auch geheimnisvolle Anweisungen, die der Kapitän in Katakana-Buchstaben auf die Rückseite des Zettels mit der Nummer schrieb.
Als der Anruf beendet war, nahm der Kapitän eine weitere Münze und bestellte sich ein Taxi. Als Fahrtziel nannte er dem Fahrer den Quai des Belges, der nicht weit vom Alten Hafen entfernt war. Neugierig schlenderte er vorbei an marokkanischen und afrikanischen Straßenhändlern, die Wadenringe, Glasperlen und Ebenholzschnitzereien anboten, an Eisständen, Ballonverkäufern und Bettlern. Von der Menge ließ er sich bis zum Anlegeplatz des Ausflugbootes zum Château d'If schieben.
Hier waren zwei Docks. Vor dem linken wartete eine Schlange von Passagieren, die an Bord gehen wollten, aber der Japaner kümmerte sich nicht um diese unmittelbar bevorstehende Abfahrt, sondern spazierte ziellos über das Pier, bis ein zweites Boot an dem rechten Dock festmachte. Er wartete, bis auch dieses Boot fast voll war. Dann setzte er sich auf einen Platz am Rand des Hecks. Diese Gegend, die nicht von der Zeltplane über dem vorderen Teil des Schiffes geschützt wird, vermeiden erfahrene Passagiere, die nicht naßgespritzt werden wollen.
Glücklich betrachtete der Kapitän die Landschaft, als das Boot den sonnigen Hafen verließ, an den Fischerbooten und Luxusyachten vorbeifuhr, das Schloß St. Nicolas links liegen ließ und Kurs auf die Inselfestung aus dem Mittelalter nahm, wo der legendäre Graf von Monte Cristo seine Haft verbracht hatte. Wenn der Kapitän jemanden auf dem Schiff kannte, so war davon nichts zu merken. Es schien ihm völlig zu entgehen, daß der gutaussehende junge Mann mit dem schwarzen Kaschmir-Pullover und dem Tweedjakkett sich mit einem Flugbeutel von Adidas neben ihn gesetzt hatte.
Auf der felsigen Insel, die nach einer Viertelstunde in Sicht kam, warteten schon ganze Gruppen Passagiere, die zurück ans Festland wollten. Sie wirkten wie gestrandete Flüchtlinge. Als die Touristen zur Gangway drängten, um an Land zu gehen, achtete niemand auf den Kapitän oder den eleganten jungen Mann, denn sie blieben hinter der Gruppe zurück. Gelassen stand der junge Mann auf und mischte sich unter die Menge. Den Flugbeutel ließ er auf dem Sitz neben dem Kapitän stehen. Als er von Bord ging,

blieb er kurz stehen, zündete sich eine Zigarette an und prüfte, ob irgend jemand ihn beobachtet hatte. Aber alle waren vollauf damit beschäftigt, die schmale Treppe zu dem zylinderförmigen Steinturm zu besteigen.
Gedankenverloren nahm der Kapitän den Flugbeutel an sich und folgte den eifrigen Touristen. Ab und zu machte er Erinnerungsfotos von dem ehrwürdigen Schloß. Der Beutel paßte hervorragend zu der Kamera und den Kleidern.

9

In New York passiert es selten, daß die Polizei ein Raffinierungslabor für Heroin hochnimmt; meistens kommt das Heroin bereits verarbeitet in den Staaten an. Gereinigtes Heroin ist kompakter und daher leichter zu schmuggeln als Rohopium oder Heroin aus dem Fernen Osten, das wegen seiner Farbe und seiner groben Struktur »Brown Sugar« genannt wird. All diese Importe können an Reinheit nicht mit der echten Ware aus Marseille konkurrieren. Der bekannteste »Chemiker«, der je ein Kilo Heroin gereinigt hat, war Joe Cesare, ein Korse. Aber der Tip von Manfredi konnte nichts mehr mit Cesare zu tun haben, denn der war schon ein Jahr vorher verhaftet und verurteilt worden. Dann hatte er sich im Gefängnis von La Baumette aufgehängt. Genannt wurde er nur Monsieur Joe, und er war ein reicher Mann geworden. Allerdings hat er nie viele Chancen gehabt, sein Geld auszugeben. Seit 1964 hatte er im Knast gesessen, und als er gerade neun Monate draußen war, wurde er in seinem Laboratorium *La Suzanne* in Aubagne wieder erwischt.
Sein Handwerk hatte Monsieur Joe von Louis Albertini gelernt, dem Begründer der französischen »Chemie«-Schule, aber innerhalb kürzester Zeit verstand Cesare mehr davon als sein Lehrmeister. In Marseille hieß es, daß Monsieur Joe vor seiner ersten Verhaftung 1964 jeden Tag 17 Kilo Morphiumbasis zu der gleichen Menge Heroin verarbeitet hatte. Der Straßenpreis dieser Menge beträgt in New York heute um die acht Millionen Dollar. Cesare war der größte Fabrikant aller Zeiten, aber sein Gewerbe ist nicht spurlos an ihm vorbeigegangen: wie bei allen »Chemikern« hatte das ständige Einatmen der Säure seinen Körper zerstört. Als er sich kurz vor seinem 60sten Geburtstag aufhing, hatte er Magengeschwüre, Verdauungsstörungen und alle anderen Berufskrankheiten.
Man muß kein Diplomchemiker sein, um Heroin zu raffinieren, sagte Miletto zu Doyle auf dem Weg zu dem Labor in Aubagne,

das Manfredi ihnen verraten hatte. Die chemische Prozedur ist einfach, aber sie erfordert 17 verschiedene Schritte, und diese 17 Schritte dauern einen ganzen Tag. Außerdem ist die Arbeit gefährlich. Deshalb bekommt der Chemiker 500 bis 1500 Dollar für jedes gereinigte Kilo Heroin.
Der gefährlichste Teil des Prozesses ist der erste Schritt, bei dem die frische Morphiumbasis aus der Türkei in Aceton aufgelöst und dann langsam, ganz langsam im Wasserbad erhitzt wird. Denn wenn das Aceton stärker erhitzt wird als bis zum Siedepunkt des Wassers, ist eine schwere Explosion unvermeidlich. Nach dieser Erhitzung saugt eine Vakuumpumpe die Acetondämpfe ab. Für die Geheimlabors stellt sich dabei das Problem, daß die Vakuumpumpen sehr laut arbeiten und daher gedämpft werden müssen. Dann wird die Basis gefiltert und mit Kohlenschwarz behandelt, um sie dann mit Salzsäure zu neutralisieren. Als nächstes wird sie zu Schlamm gebacken und in Zinnpfannen über einer Gasflamme getrocknet. Dabei entstehen trockene Stücke, die sich in Brocken aufbrechen lassen. Sie werden schließlich in einer Küchenmaschine zu Pulver gequirlt, getrocknet und durchgesiebt. Der ganze Prozeß wird mehrfach wiederholt, bis ein ausreichender Grad von Reinheit erreicht ist.
Von Joe Cesare wird berichtet, er habe zu 95 Prozent reines Heroin hergestellt. Deshalb heißt es im Handel heute noch von besonders hochwertigem Heroin, es sei »Cesare-rein«. Die meisten Chemiker haben heute Glück, wenn sie einen Reinheitsgrad von 60 bis 70 Prozent erreichen.
Die Arbeit dauert lange. Cesares 17 Kilo pro Tag werden fast nie erreicht, im allgemeinen gelten 12 Kilo als Höchstleistung, vier oder fünf sind die Regel. Das bedeutet, daß es Wochen dauert, bis eine große Ladung von hundert oder mehr Kilo zusammengestellt ist.
Als Doyle mit Miletto in Aubagne ankam, waren vor ihnen schon einige Polizeiwagen in dem Dorf eingetroffen; die meisten waren nicht gekennzeichnet. Diron stand am Schauplatz und dirigierte die Verteilung der Fahrzeuge. Miletto saß am Steuer des Citroën. Barthelmy erteilte seine Stakkato-Befehle über Funk und überprüfte ständig die Wagenkolonne, die alle Ausfallstraßen abgesperrt hatte. Doyle spürte eine fast sexuelle Erregung in seinen Lenden, als der Wagen in die Nähe der Rue Galice kam.
Aubagne ist ein kleiner Arbeitervorort auf einem Hügel und liegt knapp 25 Kilometer östlich von Marseille. Die Rue Galice befindet sich in einem isolierten Teil des Dorfes, der einmal als elegant galt. Ein paar vornehme, alte Häuser und die Überreste einiger Landsitze stehen hier noch inmitten einer Umgebung baufälliger Häuser und Blechhütten. Diese *Bidonvilles* sind im allgemeinen nicht

gerade der Schauplatz von schwerer Kriminalität, aber wie in allen Gettos erzeugt das Elend hier nicht gerade einen tiefen Respekt vor den Feinheiten des Gesetzes.
Neugierige Augen hatten auch schon bemerkt, daß sich vor dem Besitztum der Familie Chapelle eine ungewöhnliche Ansammlung von Fahrzeugen gebildet hatte. Von diesem Gut hieß es, daß der alte Chapelle (»Fanfan der Husar«) immer noch die Mädchen der Nachbarschaft in seine »Brauthütte« holte, um sein *droit de seigneur* auf die erste Nacht auszuüben. Die Gerüchte besagten außerdem, daß der Alte niemals zweimal mit der gleichen Frau geschlafen habe (sein einziger Sohn war in Indochina gefallen), und daß er von jeder Gefährtin erwarte, sie solle noch Jungfrau sein.

Auf jeden Fall war das Gut immer geheimnisumwoben gewesen. Es stand auf einem offenen Feld, abgesetzt von den Arbeiterhütten. Sein Herrschaftshaus und die drei Nebengebäude waren von einer hohen Steinmauer umgeben, die obendrein noch mit Glassplittern geschmückt war, um den Bewohnern vollständige Abschirmung gegen die Außenwelt zu garantieren.
Diese Isolation machte das Gut auch zu einem attraktiven Ort für die Raffinierung von Morphiumbasis zu Heroin. Es ist fast unmöglich, ein Labor in der Nähe anderer Häuser zu betreiben, denn der unverkennbare Geruch von Aceton, Salzsäure und anderen Chemikalien führt zwangsläufig zu Beschwerden und damit zu polizeilichen Untersuchungen.
In dieser Gegend kam nur das Chapelle-Gut als Heroin-Labor in Frage. Dieser Umstand hatte Barthelmys Detektiven die Arbeit erleichtert, als sie am Tag zuvor ausgeschickt worden waren, um den Tatort genau ausfindig zu machen.
Ein unbedarfter Beobachter konnte kaum etwas Verdächtiges an dem alten Besitztum entdecken – vielleicht außer den Glassplittern auf der Mauer, von denen die Leute im Dorf sagten, daß sie erst letztes Jahr angebracht worden waren. Kinder spielten unter den Obstbäumen in dem schattigen Vorgarten, und der Wein- und Brotlieferant hatte Barthelmy erzählt, daß ein Gärtner das Land sorgsam in Ordnung hielt.
Auf der anderen Seite der Wiese vor dem Chapelle-Gut stand ein müdes, altes Hotel, das *Beau Rivage,* das in ruhmreicheren Zeiten vor allem Gäste der Bälle auf dem Gut beherbergt hatte.
Barthelmy ließ einen Kripo-Mann bei dem Besitzer zurück, der das Hotel jetzt als billige Absteige betrieb und die Betten stundenweise vermietete. Der Inspektor wollte kein Risiko eingehen, die Chemiker durch einen Telefonanruf warnen zu lassen. Mit Miletto und Doyle spurtete er über sechs steile Treppen auf das Dach, wo er ein Fernglas an die Augen setzte. Von hier aus war die Fassade des Hauptgebäudes trotz des Holztores zu erkennen.
»Die Leute hier im Dorf halten das nur für den Alterssitz eines reichen Mannes aus Paris«, erklärte er, ohne das Fernglas abzusetzen. »Über seine Arbeit wissen sie nichts. Kinder machen die ganze Sache außerdem unverdächtig. Aber sehen Sie die Zähluhr dort an der Seite der Mauer?«
Doyle nahm das Glas. »Ja, die sehe ich.«
»Sehen Sie auch das neue Isolierband darum? Offenbar haben sie die Uhr aus dem Inneren des Hauses entfernt, damit der Kontrolleur zum Ablesen nicht ins Haus muß. Ihren eigentlichen Elektrizitätsanschluß benutzen sie wahrscheinlich sowieso nicht, weil sie wissen, daß wir auf plötzliche Erhöhungen der Stromrechnung achten. Statt dessen haben sie sicher irgendwo die Hauptleitung

angezapft. Mit dem Wasser ist das schon schwieriger. Ohne Manfredis Tip wären wir wahrscheinlich nicht dahinter gekommen. Das sind unsere beiden wichtigsten Hinweise auf geheime Labors: Wasser und Elektrizität. Manchmal ist's auch der Geruch.«
»Aber meistens ist es ein Singvogel«, sagte Doyle. »Stimmt's?«
Barthelmy lächelte. »Ja, meistens.«
Mit dem Fernglas prüfte Barthelmy nun auch die Umgebung des Guts. Jeder Fluchtweg war durch einen verkleideten Polizeiwagen versperrt – da stand ein Obstwagen, dort ein Umzugsauto und auf einer dritten Straße der Lieferwagen einer Trockenreinigung. Methodisch nahm Barthelmy zu jeder Station noch einmal Funkkontakt auf, dann gab er den beiden anderen Männern ein Zeichen, hinunterzugehen und die Razzia einzuleiten.
Als sie vor dem Hotel wieder in den Citroën stiegen, gab Barthelmy ein Signal für Diron, der in einem Pumpwagen des Städtischen Sanitätsamtes vor dem Tor wartete. Diron stieß den Fahrer an, und der brachte das schwere Auto sofort auf volle Touren. Mit lautem Krachen raste er durch das schwere Holztor. Bretter flogen noch durch die Luft, als uniformierte Polizisten schon harte Dekken über die Mauer warfen. So konnten sie trotz der Glasscherben von allen Seiten hinüberklettern.
Die Kinder, die unter den Bäumen gespielt hatten, waren entsetzt und liefen auf das Haus zu. Barthelmy warnte Doyle noch einmal: »Keine Extratouren, Popeye, verstanden? Sie tun nichts, Sie sagen nichts, Sie bleiben einfach dicht bei mir und schauen zu. Habe ich mich klar ausgedrückt?«
»Ich sollte irgend etwas tun?« sagte Doyle. »Ich habe keine Waffe, das wissen Sie doch. Sie müssen mich für 'ne Art Selbstmörder halten! Nein, ich bin nur hier, um zu beobachten, wie Profis sowas machen.«
Während sie auf das Haus zugingen, nahm Miletto das Megaphon in die Hand und rief damit: »*Haut les mains!* Alles rauskommen! Hier spricht die Polizei, ihr seid umstellt!«
Zwei Kriminalbeamte traten die Haustür ein und rannten in die Räume. Schritte waren deutlich zu hören, aus den Fenstern schauten Gesichter, die rasch wieder verschwanden. Jetzt krachte noch mehr Holz, als Polizisten auch die Hintertür und die Seiteneingänge sprengten.
Wenig später kamen einige Beamte wieder ins Freie. Einer hielt eine stämmige Hausfrau fest, die lautstark protestierte. Ihre Arme waren noch voll Mehl. Plötzlich war lautes Poltern und dann eine heftige Explosion aus der Garage hinter dem Haus zu hören. Über dem Dach stoben grüne Rauchschwaden in die Höhe. Ein etwa 12 Jahre altes Mädchen, das unter dem Baum neben der Garage gesessen hatte, wurde von der Explosion umgeworfen. Mühsam rich-

tete sie sich wieder auf und rannte schreiend weg, dabei hielt sie die Hände schützend vor das Gesicht. Barthelmy, Doyle und Miletto liefen auf die Ursache der Explosion zu, aber sie waren sofort in Rauch gehüllt.
»Jesusmaria«, rief Doyle. »Denen ist die Säure hochgegangen.«
Die verhafteten Hausbewohner kreischten in heller Panik, und draußen vor dem Tor bildete sich eine Menschenansammlung, die von dem Rauch und dem Krach angelockt worden war. Barthelmy gab seinen Leuten ein Zeichen, die Garage zu stürmen. Er und Doyle hielten sich Taschentücher vor das Gesicht und versuchten, in den Raum einzudringen. Der grüne Qualm war überall und undurchdringlich. Einer der Chemiker lag über dem Tisch. Sein Kopf war völlig verbrannt und hatte die Farbe einer schwarzen Pflaume angenommen. Ein anderer hockte auf Händen und Knien auf dem Boden, Blut floß ihm aus der Kehle.
Doyle drehte sich um und sah das 12jährige Mädchen. Eine Seite ihres Gesichts war von der Hitze der Explosion stark versengt. Neben ihr bemerkte er eine Figur, die auf eine kleine Eisentür in der Mauer zurannte. Der Straßeninstinkt war stärker als die Vorsicht, und Doyle spurtete hinter ihm her. Er hatte völlig Barthelmys Befehl vergessen, nur zuzusehen und nichts zu unternehmen.
Hustend versuchte Barthelmy, Doyle zurückzurufen. Die Eisentüre war nicht bewacht, und der Mann zerrte nur kurz an dem Schloß, dann war er draußen. Ohne auf die Schreie in seinem Rükken zu achten, stürzte Doyle hinter ihm her. Der Mann lief über das Feld auf eine enge Straße zu, die zum Arbeiterviertel führte. Doyle war ihm in einer Entfernung von 50 Metern auf den Fersen. Weil er wußte, daß er an diesem Tag mit der Polizei arbeiten würde, hatte er den 38er im Hotel gelassen, damit die Waffe nicht entdeckt werden konnte. Der Wadenhalfter nützte ihm nichts, denn bis er den Browning gezogen hätte, wäre die Entfernung zu dem Flüchtenden zu groß gewesen, um noch einen sicheren Schuß riskieren zu können. Doyle bemerkte überhaupt nicht, daß Diron und Miletto in einer Entfernung von hundert Meter hinter ihm herliefen. Als der Mann die enge Straße des Slums erreichte, versperrten ihm die Neugierigen den Weg.
Entschlossen stürzte er sich in die Menge, aber Doyle hatte jetzt aufgeholt, und die Leute stoben auseinander. Als der Flüchtende gerade um die Ecke auf den Marktplatz rennen wollte, erwischte ihn Doyle mit einem Nierenhaken.
Der Mann brüllte ihn auf Französisch an. Doyle versuchte, ihn in den Polizeigriff zu nehmen. Vergebens griff er nach den Handschellen, die nicht da waren. Schließlich bekam er sein Opfer auch so unter Kontrolle. Er hob den brüllenden Mann auf die Füße und

brach ihm dabei fast den Arm, den er ihm auf dem Rücken festhielt. Doyle schmetterte den Gefangenen gegen die Wand. »Bleib' bloß stehen, verdammter Hurensohn! Gleich kriegst du deine Armreifen.«

Doyle riskierte einen Blick hinter sich und sah Miletto und Diron, die auf ihn zu stürzten. »Beeilt euch, ihr Lahmärsche! Ich hab' ihn erwischt!«

Aber in diesem Moment rammte der Mann seinen Kopf mit voller Wucht in Doyles Gesicht und zerschmetterte ihm fast die Nase. Doyle konnte vor Tränen nichts mehr sehen, aus der Nase schoß ihm ein Blutstrahl, und seine Hand öffnete sich reflexartig. Dabei schlug der Mann noch einmal zu, diesmal in den Magen, trat ihm kräftig gegen das Schienbein und floh in Richtung Marktplatz.

Diron und Miletto waren jetzt zur Stelle. Sie atmeten schwer nach dem anstrengenden Dauerlauf. »Er ist um die Ecke gelaufen! Ihr könnt ihn noch erwischen! Ich glaube, ich habe ihm ein paar ordentliche Schwinger verpaßt, und er ist bestimmt halb k.o.«

Die beiden rannten weiter. Mit einem roten Taschentuch wischte sich Doyle das Blut von der Nase und den Augen. Verdammte Ratte, dachte er, ich hätte ja nie gedacht, daß mir mal einer mit dem *Kopf* in die Fresse haut. Diese Ausländer haben schon eine seltsame Art zu kämpfen.

Als er wieder klar sehen konnte, stürzte er sich hinter den beiden Polizisten her auf den Marktplatz. Der Mann stand gegen eine Wand gelehnt vor ihnen. »Das ist der Bastard – los, sperrt ihn ein!«

Was er dann sah, war mit Sicherheit keine Verhaftung. Diron steckte dem Mann ein Bündel Geldscheine in die Hand und unterhielt sich kurz mit ihm. Doyle rannte auf die Gruppe zu, als er plötzlich von Barthelmy zurückgehalten wurde.

Aus den Fenstern oberhalb des Marktplatzes hatten mehrere Augenpaare zugesehen, wie der Mann die Geldscheine einsteckte, sich umdrehte und dann in dem Arbeiterviertel verschwand.

»Was zum Teufel ist denn mit euch los?« sagte Doyle. »Ihr bezahlt dieses Schwein auch noch dafür, daß er mir die Eier eintritt und mir fast den Schädel zerschmettert?«

Barthelmy zog ihn um die Ecke, damit sie nicht gesehen werden konnten. »Das war doch einer von uns, Sie Idiot. Denken Sie, sonst wäre er aus dem Garten entkommen?«

Schockiert starrte Doyle den französischen Inspektor an. »Oh Gott, das tut mir leid! Ich wußte doch nicht...«

Bevor er den Satz beenden konnte, war ein schriller, verzweifelter Schrei zu hören. Barthelmy rannte um die Ecke. Er sah Miletto und Diron, die in die enge Gasse hineinliefen. Auf dem Boden lag eine zusammengekrümmte Gestalt, die rasch von einer Men-

schenmenge eingekreist war.
Miletto war als erster zur Stelle. Er spuckte auf den Boden und sagte nur: »*Merde!*«
Der Mann hielt sich die Hand vor die Kehle, konnte das strömende Blut aber nicht aufhalten. Von einem Ohr zum anderen war ihm der Hals durchschnitten worden. Vorher hatte man ihm noch die Taschen durchsucht und das Polizeigeld herausgenommen.
Bleich vor Wut drehte sich Barthelmy zu Doyle um. »Warum gehen Sie nicht nach New York zurück und erschießen dort Polizisten, denn das ist ja wohl das, was Sie am besten können! Zwei Monate, zwei ganze Monate Infiltrationsarbeit dieses Agenten sind durch Ihren Wahnsinn im Eimer! *Merde*!«
Miletto und Diron rannten in das Arbeiterviertel, aber das war hoffnungslos. Der Mörder war längst verschwunden.
Barthelmy kniete neben dem Körper nieder, aber der Agent war nicht einmal mehr zu trösten. Er gab einem uniformierten Beamten ein Zeichen, sich um die Leiche zu kümmern. Dann stapfte er wütend in Richtung Rue Galice. Doyle betupfte sich noch immer die Nase und trottete hinter dem Inspektor her.
»Hören Sie, Henry, Sie haben mir doch nichts davon erzählt!« protestierte Doyle. »Wenn Sie mich ins Bild gesetzt hätten, wäre der Junge noch am Leben. Stimmt's? Stimmt's?«
Barthelmy marschierte weiter auf den Citroën zu, der im Hof stand, wo jetzt die Verdächtigen zusammengerufen wurden. Er würdigte Doyle nicht einmal eines Seitenblicks.

10

Im Hof mußten sich die Bewohner der Heroinfabrik in einer Reihe aufstellen. Ein Körper lag unter einer Gummidecke auf einer Transportbahre. Der zweite Chemiker war zusammen mit dem kleinen Mädchen schon von einem Krankenwagen abgeholt worden. Zurückgeblieben war die bürgerliche Familie, die mit ihren Kindern als Aushängeschild gedient hatte, um die Operation zu tarnen, zwei weitere Chemiker und mehrere andere Männer, die das Labor wohl bewacht hatten.
Miletto, der die Männer verhörte, wandte sich an Barthelmy und Doyle. »Die Explosion hat alles ruiniert. Das war ein Unfall. Die Säure ist übergelaufen, und sie hatten noch kein fertiges Heroin hergestellt, obwohl wir eine ganze Menge Morphiumbasis gefunden haben. Aber sicher nicht die ganze Ladung. Vielleicht 20 Kilo.«
Doyle und Barthelmy gingen in die Garage, um sich die Überreste

des Labors anzusehen. »Sieht so aus, als hätten sie es gerade erst aufgebaut, Henry«, sagte Doyle. »Noch nichts da. Sehen Sie sich die Kanister an! War bestimmt Säure drin, der Menge nach bestimmt für hundert Kilo. Soll ich Ihnen mal was sagen? Ihr habt die Geschichte vermasselt, ihr seid einfach zu früh gekommen!«
Wütend drehte sich Barthelmy zu ihm um. »Ich habe einen Job für Sie, Doyle. Sie wollen etwas über den Fall erfahren? Sie wollen wissen, was los ist? Warum reden *Sie* nicht mit den Verdächtigen?«
»Wer, ich? Und *wie*, bitte? In Zeichensprache? Sie wissen doch genau, daß ich kein verdammtes Wort Französisch spreche!«
»Wir geben Ihnen Miletto als Dolmetscher.«
»Leck mich am Arsch!« sagte Doyle.
»Nein, mein Freund«, antwortete Barthelmy, »hier leckt nur einer, und zwar du mich. Du hilfst uns nicht, Doyle. Im Gegenteil, du machst alles kaputt. Was weißt du schon von Marseille? Du denkst, hier wäre Harlem, wo du die Nigger auf den Straßen herumschubsen kannst.«
Jetzt wurde Doyle wütend. »Hör zu, du schmierige Ratte! Du weißt genau, daß ihr sie statt dessen im Knast zusammenschlagt, genau wie jeder andere Bulle auch!«
Barthelmy bot seine gesamte Selbstbeherrschung auf. »Du fertigst jetzt Aussageprotokolle von jedem einzelnen von ihnen an! Es interessiert mich einen Dreck, was sie sagen, aber ich will es schriftlich haben. Miletto wird dir helfen.«
»Hör zu«, sagte Doyle. »Ich bin hier, um diese verdammte Nummer eins zu kriegen. Und ich bin mir 'n bißchen zu gut, hier Blabla zu machen, während ihr vom französischen Drogendezernat die Lorbeeren einheimst. Weiter wollt ihr doch nichts, oder? Ich hocke neben der Scheißhaustür, während du die Medaillen absahnst, wenn ich ihn erwische.«
Kühl musterte Barthelmy den Amerikaner. »Stimmt genau. Wenn du mir weitere Schwierigkeiten machst, Popeye, kann ich jederzeit Paris anrufen. Dann bist du in fünf Minuten ausgewiesen.«
Er drehte sich um und setzte sich in den Citroën.
Der grauhaarige Miletto tat sein Bestes, um Doyle bei den Verhören ins Bild zu setzen. Aber Fragen und Antworten folgten einfach zu dicht aufeinander, und Miletto konnte nicht immer abbrechen, um den Amerikaner zu unterrichten.
Klar wurde nur, daß dieses Labor für eine große Operation geplant war. Die Ladung, die hier vorbereitet wurde, war so bedeutend, daß Nummer eins sich bestimmt dafür interessiert hätte. Aber eine handfeste Verbindung war einfach nicht herzustellen. Denn selbst wenn die Chemiker für Charnier gearbeitet hatten, war es unwahrscheinlich, daß sie ihn persönlich kannten. Seine Kontakte liefen

garantiert über Mittelsmänner. Nach drei Stunden Verhör hatte Doyle ein so starkes Gefühl von frustrierender Impotenz, daß er Dirons Angebot annahm, ihn in seinem Renault 16 in die Stadt mitzunehmen.

Als er vor dem Hotel stand, fühlte er sich rundum geschafft. Seine Nase war geschwollen, und seine Zähne fühlten sich an, als wären sie einzeln mit einem Holzhammer lose geklopft worden. Unten an dem Sandwichstand ließ er sich ein *Bagnat* einpacken.

Auf der anderen Straßenseite ging er noch kurz in den *Bon Coin*, eine kleine Kneipe, wo Arbeiter ihren täglichen *pastis* tranken. Er wartete, bis jemand ein Bier bestellte. Dann deutete er darauf und konnte dem Mann hinter der Bar schließlich sogar klarmachen, daß er sechs von diesen Flaschen mitnehmen wollte. Papiertüten gab es nicht, also stopfte er das Bier in seine sämtlichen Taschen. Im Hotel wollte er seine Notizen und die Unterlagen aus New York noch einmal durchsehen und sich dabei still vollaufen lassen.

Unten nahm er noch die Zeitung mit, um herauszufinden, ob er wenigstens gedruckt etwas mit diesem Französisch anfangen konnte. Auf der ersten Seite war ein Foto von Barthelmy in den Überresten des Labors, ein anderes zeigte ihn mit zwei Verdächtigen. Die Schlagzeile hieß: »DROGUE: GROS LABORATOIRE TROUVE A AUBAGNE!« Darunter stand in kleineren Buchstaben: *»Deux Maître-Chimistes Arrêtés, Etudiants de ›Professeur‹ Cesare.«*

Doyle konnte gerade »Drogen« und »Laboratorium« verstehen, dann war aber schon Schluß. Hilflos schlug er sich mit der Handfläche gegen den lädierten Schädel. Als er gerade das dritte Bier aufmachte und immer noch stumpfsinnig auf den unbegreiflichen *Provençal* starrte, hörte er, wie es an eine Tür im Flur klopfte, dann Cocos Stimme. Plötzlich hatte er eine Idee und sprang zur Tür, gerade noch rechtzeitig, um Coco zu erwischen, die schon wieder vor dem Fahrstuhlkäfig stand.

»He, Coco«, sagte er. »Kannst du einen Augenblick hereinkommen. Ich will mit dir sprechen.«

Das Gesicht der kleinen Rothaarigen erhellte sich zu einem Lächeln. »Sie wollen mich sehen?«

»Richtig, komm rein.«

Mit einem schelmischen Grinsen stapfte sie in ihren altmodischen Bleistiftabsätzen durch die Unordnung auf dem Fußboden. Doyle machte die Türe zu.

»Tut mir leid, daß alles so durcheinander ist«, sagte er. »Ich habe beschlossen, heute abend hier zu essen, hatte aber noch keine Gelegenheit aufzuräumen.«

Coco setzte sich auf die Bettkante. »Du hast Unfall, ja?« sagte sie

und deutete auf seine beschädigte Nase.
»Ach, das war nichts«, sagte Doyle. »Hör mal, du sprichst doch Englisch, stimmt's?«
»Bißchen«, sagte sie.
»Dann kannst du mir vielleicht helfen. Ich könnte dir sogar ein paar Mäuse dafür geben. Ich brauche etwas Hilfe beim ... na ja, beim Zeitungslesen und sowas.«
»Du willst Coco dir helfen?« sagte sie und beugte ihren kleinen Körper zu ihm hinüber.
»Ja, aber ich weiß nicht, ob du mich richtig verstehst.« Als er dann aber die beiden niedlichen Halbkugeln in ihrer Bluse sah, wußte er nicht mehr, ob er selbst die Situation richtig verstanden hatte.
»Dein Nase«, sagte Coco bekümmert. »Er sieht schlimm aus! Ich mache besser.«
Sie nahm ihn an der Hand und führte ihn zum Waschbecken, das sie mit lauwarmem Wasser anfüllte. Sie nahm das Handtuch und betupfte damit die immer noch blutverschmierte Nase.
»Au, langsam!« sagte Doyle. »Das tut weh.«
Aber er merkte deutlich, daß ihre warmen Brüste gegen ihn drückten, während sie sorgfältig seine Nase behandelte. Ihre großen braunen Augen waren ganz nahe bei seinen, und er meinte, ein belustigtes Flackern dahinter zu bemerken.
Während sie weiterarbeitete, legte er ihr einfach die Hand um die Taille. Cocos einzige Reaktion bestand darin, ihr Becken näher an seines heranzuschieben. Ordentlich nahm er ihr zuerst das Handtuch aus der Hand, trocknete sich das Gesicht ab, ohne ihre Hüfte loszulassen, und legte seine Lippen vorsichtig auf ihre. Sie zeigte kein Anzeichen des Widerstands, aber als ihre Lippen sich trafen, heulte er auf.
»Scheiße«, sagte er. »In meinem Mund ist alles aufgerissen. Das tut verflucht weh.«
»Coco hat dir wehgetan?« fragte sie besorgt.
»Quatsch, komm, laß uns ins Zimmer gehen und ein bißchen reden. Willst du ein Bier?«
Coco lächelte schüchtern. »Ich mag Jack Daniels wie in dein Schrank.«
Erbost blickte Doyle auf. »Hast du meine Schubladen durchsucht?«
Coco zuckte die Achseln. »Ich mache dein Zimmer, nicht? Ich sehe die Flasche, Schublade ist offen.«
Was soll's, dachte Doyle. Sie hat wahrscheinlich alles durchsucht, aber das kann sie ja doch nicht verstehen.
»Okay, okay«, sagte er und holte ein Glas aus dem Badezimmer. Er goß ihr drei Fingerbreit von dem kostbaren Zeug ein. So etwas

war hier schwer zu kriegen und außerdem teuer. Aber es sah ja so aus, als würde es sich lohnen.
Mit kindlicher Freude nahm Coco das halbvolle Glas in beide Hände und versenkte ihre Nase darin.
»Riecht komisch, nicht?«
»Machst du Spaß?« sagte Doyle. »Das Zeug ist wie Chanel Nummer fünf. Du solltest dir davon etwas hinter die Ohren tun.«
»Nein«, sagte Coco kichernd, »ich tu mir das in den Magen.« Sie nahm einen kräftigen Schluck. Doyle öffnete sich noch ein Bier und setzte sich neben sie auf das Bett.
»Nimm noch einen Schluck«, sagte er.
»Ich kann nicht so schnell«, sagte sie und rümpfte die Nase.
»Okay, dann nimm nur einen kleinen Schluck und stell das Glas hin.«
»Okay«, sagte sie und legte beim Schlucken den Kopf zurück wie ein Vogel.
»Okay«, sagte Doyle, »jetzt leg' dich hin und laß uns unterhalten. Mein Mund ist ja vielleicht nicht im Dienst, aber der Rest funktioniert ganz gut.«
Coco stellte das Glas hin und stand auf.
»He, warte mal, wohin gehst du denn?« fragte er. »Ich meine, du mußt doch nicht gleich sauer sein. Ich dachte nur, naja, im Bad hatte es doch so ausgesehen, als könnten wir zusammen was anstellen.«
»Coco geht nicht weg, aber ich muß doch den Kleid ausziehen, sonst wird er ganz, ganz...« Sie machte eine hilfslose Geste, da sie das Wort nicht finden konnte. Dann fing sie an, sich das leichte Kleid aufzuknöpfen.
»Warte mal, ich kann dir dabei doch helfen«, sagte Doyle.
Coco sagte: »Nein, nein, ich mache selbst.«
Aus seiner Leistengegend verspürte Doyle jetzt eine plötzliche Wärme, und sein Puls schlug vor Erregung merklich schneller. So gut hatte er sich noch nicht gefühlt, seit er in Frankreich gelandet war. Er legte sich gegen den Bettpfosten und sah zu, wie Coco sorgfältig das Kleid auszog und über einen Stuhl legte. Sie trug einen roten BH mit Spitzen und einen Strumpfhalter, aber kein Höschen. Ihr Schamhaar wucherte in einem zarten Dschungel, und seine Farbe paßte genau zu dem scharlachroten Strumpfband. Seit die Strumpfhosen in Mode gekommen waren, hatte Doyle so etwas nicht mehr gesehen, aber der Anblick gefiel ihm wirklich gut.
Coco griff hinter sich, um den Büstenhalter zu lösen, aber Doyle streckte die Hand in die Höhe.
»Nein, behalte das noch eine Minute an. Komm ins Bett, ich

helfe dir bei dem Rest.«
Coco zuckte die Achseln.
»Mach das Licht aus«, sagte er.
»Warum?« fragte Coco. »Du möchtest mich nicht sehen?«
Doyle lächelte und trank noch einen Schluck Bier.
»Weißt du, vielleicht hast du recht. Ich habe es noch nie bei Licht gemacht, aber ich möchte dich gerne sehen, das stimmt. Und laß auch das komische Ding an, das deine Strümpfe festhält.«
»Okay, Popeye«, sagte das Mädchen.
Auf Zehenspitzen kam sie zum Bett, setzte sich neben Doyle auf die Kante, nahm ihm die Bierflasche aus der Hand und küßte ihn sehr zärtlich auf den mißhandelten Mund.
»Es tut jetzt nicht weh, Chéri?« fragte sie.
»Nein, Schatz, das tut kein bißchen weh, und ich bin ganz sicher, daß du mit diesem herrlichen Mund noch ganz andere Dinge anstellen kannst.«
»Du magst Cocos Mund?« fragte sie strahlend.
»Und ob, Liebling!« sagte Doyle.
»Du sollst einfach bequem liegen, Chéri«, sagte das Mädchen lächelnd. »Coco macht dich glücklich.«
Doyle legte sich zurück auf das Kissen und machte die Augen zu. Wie einen Schmetterling empfand er ihre warmen Lippen auf seinem Hals, und er spürte, wie sie ihm das Hemd aufknöpfte. Er war glücklich, aber im Hinterkopf fragte er sich doch, wie sie bloß herausbekommen hatte, daß sein Spitzname Popeye war.

11

Hinterher führte Coco ihn wieder ins Badezimmer. Sie befeuchtete das Handtuch, das von seiner Nase noch voller Blutflecken war, und schrubbte seine Geschlechtsteile energisch. Dann ließ sie das Bidet vollaufen und reinigte sich in dem kleinen Porzellanbecken.
Das ist ja ein Gebiet, auf dem die Franzosen sauberer sind als wir, dachte Doyle.
Danach setzten sie sich wieder ins Bett, schlürften den Jack Daniels und rauchten.
»Du hast Zigaretten *américaines.* Sehr gut, aber in Marseille teuer«, sagte sie und ließ den Yankee-Rauch tief in die Lungen eindringen. »Zehn Francs *le paquet, Comprenez* ?«
Doyle machte eine kurze Überschlagsrechnung. Verflucht, bei solchen Preisen würden drei Pakete pro Tag ihn in kürzester Zeit ruinieren.

»Warte, ich zeige dir«, sagte Coco und sprang behende aus dem Bett. Sie ging zu ihrem Kleid, das über dem Stuhl hing, und nahm daraus eine blaue Zigarettenschachtel. Dann lief sie zurück zu ihm ins Bett. Dabei hüpften ihre kleinen, runden Brüste anmutig auf und ab.
»Das sind französische Zigaretten – Gauloises«, sagte sie. »Nicht so gut, sehr stark. Nur zwei Francs. Du willst?«
Sie steckte sich zwei Zigaretten in den Mund. Doyle sah, daß der Tabak viel dunkler und gröber war als in den amerikanischen Sorten. Als Coco sie angezündet hatte, reichte sie ihm mit feierlicher Geste eine davon.
»Mein Geschenk für dich«, sagte sie mit kokettem Lächeln.
Doyle nahm einen tiefen Zug und verspürte sofort einen heftigen Hustenreiz. Der Tabak war stark, brannte in der Lunge und hatte einen intensiven Geruch, fast wie Marihuana.
»Herrgott, die können einen ja umbringen«, sagte Doyle. »Habt ihr hier denn keine Gesundheitsbestimmungen?«
Coco sah ihn enttäuscht an. »Du magst nicht?«
»Doch, doch«, sagte Doyle. »Die sind prima, wirklich großartig.«
Er hustete noch einmal in die Hand und spuckte dabei Blut. Zuerst dachte er, das sei der Tabak, aber dann wurde ihm klar, daß sein Mund immer noch von der Schlägerei und der Glaspizza arg mitgenommen war.
»Deine Zähne schlecht?« fragte Coco besorgt.
»Richtig, Baby, und deine wären auch nicht besser dran, wenn sie das alles abgekriegt hätten.«
Er beschloß, daß er sich die Frage, woher sie seinen Spitznamen kenne, für später aufheben wollte. Was dabei auch immer ihre Motive waren, einstweilen konnte sie ihm helfen.
Er nahm die Zeitung, die aufgeschlagen neben dem Bett lag, und bat sie, ihm den Artikel über die Razzia in Aubagne zu übersetzen, aber er mußte bald feststellen, daß sie damit überfordert war. Sie las sehr langsam, und die meisten Worte schienen sie zu überraschen.
»Das tut mir leid«, sagte Coco. »Ich bin nicht gut. Ich komme aus kleinem Dorf, wo nicht viel Unterricht ist.«
Scheiße, dachte Doyle, das bringt mich auch nicht viel weiter. Aber er ging trotzdem die Zeitung Seite für Seite durch, und sie erklärte ihm alles, so gut sie konnte. Eine kleine Spalte in einer Ecke weckte seine Aufmerksamkeit. Darüber stand: *»MOUVEMENT DU PORT.«*
»Was heißt das?« fragte er.
»Das sind die Schiffe, wie sie kommen und gehen.«
»Ach ja«, sagte Doyle, »laß mich mal sehen.«
Die Spalte war in vier Blöcke unterteilt. Coco erklärte ihm, daß

unter »*Arrivées*« die eingetroffenen Schiffe standen, unter »*Départs*« die abgefahrenen. »*Attendus aujourd'hui*« hieß, daß die Schiffe heute erwartet wurden, »*En partance aujourd'hui*«, daß an diesem Tag mit ihrem Auslaufen zu rechnen sei.
Die Namen der Schiffe waren in Großbuchstaben gedruckt, dahinter standen die Heimathäfen und die Zeiten, bis zu denen die Schiffe noch Post mitnahmen. Eine Liste verzeichnete schließlich die Auslaufzeiten. Nach diesen Erklärungen konnte Doyle die Liste auch ohne Hilfe verstehen. Natürlich sagte es ihm überhaupt nichts, daß das vierte Schiff unter »*En partance aujourd'hui*« die *Kyoko Maru* war.
Auf der Seite mit dem Artikel über die Razzia und einem Foto von Joseph Marro, anscheinend dem Chef des Labors, stand eine weitere Geschichte, die Coco zu interessieren schien. Sie las sie sehr langsam, ihr Zeigefinger folgte jedem Wort.
»Was steht denn da?« fragte Doyle.
»Das ist ein Junge, den ich habe gekannt, sehr jung, 24 Jahre. Die Zeitung sagt, er ist tot. Mit viel Schmerzen, weil er nahm das Rauschgift. So...«
Sie machte die bekannte Geste, die das Fixen in die Vene darstellen sollte.
»Er nahm zu viel, sehr viel Schmerz.«
»Heroin? Ist er an einer Überdosis Heroin gestorben?«
Sie schüttelte den Kopf und deutete auf die Zeitung. »Nein, nicht Heroin, Palfium. Hier heißt es, er ist eingebrochen in Apotheke. Er hat Palfium genommen, das war aber zu stark. Er tötet sich. Das ist ein Unfall, nicht?«
Also gab es hier auch Junkies, dachte Doyle. Kaum zu glauben, wenn man Barthelmy und seinen Freunden zuhörte. Die stellten das immer als rein amerikanisches Problem dar.
»War dieser Typ ein enger Freund von dir, ein richtiger amigo?« fragte Doyle.
Coco zuckte die Achseln. »Ich kenne ihn. Er kommt manchmal in die Bar unten. Nicht ein guter Freund, ich kenne ihn nur manchmal.«
Das konnte alles oder nichts bedeuten, dachte Doyle. Er dachte auch, daß Coco eine Menge Leute kannte.

12

Auf einem Feld in der Nähe von Calas, etwa 15 Kilometer nordwestlich von Marseille, unterbrach plötzlich ein Schuß die ländliche Ruhe. Ein tief fliegender Fasan wurde aus seiner Flugbahn

gerissen und stürzte mit einem dumpfen Aufprall zu Boden. Der Mann mit dem Jagdgewehr hatte ein von der Sonne stark gebräuntes Gesicht und einen krausen, grauen Bart, der sorgfältig gepflegt war. Freudig lächelte er, als er das Gewehr von der Schulter nahm und zwei Jagdhunde auf den Vogel zustürmten. Er trug ein kariertes Jagdjackett aus schottischem Tweed mit Wildlederschultern, elegante Jagdbreeches und gutsitzende Lederstiefel. Sein amerikanischer Gefährte, William Ball, trug einen einfachen Freizeitanzug von der Stange. Er war groß, und nur die korrekte Haltung konnte verraten, daß er General der US-Army war. Seine Gesichtsfarbe war etwas gelblich, eine Folge der Malaria-Mittel, die man in den Tropen ständig einnehmen muß. Das Kinn war klassisch, der Mund gerade und entschlossen, die Augen blau und direkt.

Hinter ihnen parkte ein Landrover, neben dem eine hochgewachsene, schlanke Brünette auf einem Klapptisch ein Picknick

arrangierte. Unterstützt wurde sie dabei von zwei afrikanischen Dienern, deren Gesichter noch die Schmucknarben ihres Stammes zeigten. Die karierte Tischdecke, die kleine Vase mit frisch gepflückten Blumen, der erlesene Wein und die drei Silberbestecke verwandelten die Lichtung in ein Stilleben, das jedem eleganten Landrestaurant gut angestanden hätte.
Ball wandte sich an seinen bärtigen Freund, der gerade den Fasan aus der Schnauze des Jagdhundes nahm. »Hör zu, wir müssen unbedingt miteinander reden.«
Der Bärtige grinst, während er dem Fasan die Federn ausrupfte. »Ach, Bill, laß gut sein. Du solltest dich einmal entspannen, aber du bist eben ein richtiger Yankee. Wir sind den ganzen Tag hier draußen. Freu dich doch über die Jagd, schließlich ist die Saison schon seit zwei Tagen vorbei, und ...«
»Hör mal, Alain, ich habe einfach nicht so viel Zeit.«
Der Bärtige reichte den Vogel an einen afrikanischen Träger weiter, der ihn zu der restlichen Beute in einen Sack stopfte. »Ich lasse mich nicht drängen, Bill«, sagte er. »Wenn das der eigentliche Zweck deines Besuchs ist... Weißt du eigentlich, wie lange es dauert, eine Bestellung über 200 Kilo zusammenzustellen? Das dauert lange, selbst wenn die Chemiker in zwei Schichten arbeiten. Wir müssen auch vorsichtig sein, denn wenn wir Tag und Nacht arbeiten, erregt das zu großes Aufsehen. Das bedeutet einen weiteren Zeitverlust.«
»Eure Lieferanten sind eben verflucht langsam«, sagte der Amerikaner.
»Ja, sie sind langsam«, sagte der bärtige Franzose, »aber sie sind gut, die Spitze in ihrem Fach. Deshalb haben wir immer Erfolg gehabt und sind nie aufgeflogen.«
»Unser Geld ist auch Spitze«, sagte Ball. »Es hat lange gedauert, bis wir das ganze amerikanische Geld in sauberen, kleinen Scheinen zusammengebracht haben. Das war nicht einfach, und ich muß dieses Geld in weniger als einem Monat wieder auf dem Konto des militärischen Versorgungsdienstes in Thailand haben.«
Das Lächeln verschwand aus dem Gesicht des Bärtigen. »Dann kannst du die ganze Geschichte abblasen, ich verpflichte dich nicht auf unsere Abmachung. In unserem Geschäft ist Geld kein Problem, es gibt immer andere Partner, die auf unsere Produkte warten.«
Ball reagierte nicht auf die versteckte Drohung, sondern beobachtete den Horizont, wo die Treiber weitere Vogelschwärme suchten.
»Alain, du weißt doch, wie leicht meine Leute nervös werden. Schließlich sind das alles große Tiere, und sie riskieren eine Men-

ge. Sie kennen das Geschäft, und sie haben eben gelesen, daß ein Laboratorium in Marseille aufgeflogen ist und ein Mann getötet wurde. Dann hören sie nichts von dir und werden nervös. Sie können keine Verzögerung gebrauchen, denn bei diesem komplizierten Vertriebsnetz bedeutet jede Verspätung enorme Komplikationen, die dann auch großen Ärger verursachen können.«
Der bärtige Mann zuckte die Achseln. »Sie haben keine andere Wahl, ebenso wenig wie du oder ich. Verzögerungen sind ein Bestandteil dieser Branche. Wir können keine Methoden der Massenproduktion einsetzen, um unsere Ware herzustellen. Deshalb ist unser Zeug aber auch das beste auf der Welt.«
»Willst du, daß ich denen das erzähle?«
Charnier machte eine Pause. Er nahm ein gelbes Taschentuch aus der Brusttasche seines Jacketts und rieb einen Daumenabdruck von dem goldbelegten Kolben seines Jagdgewehrs ab. »Sag' ihnen einfach, daß alles in Ordnung geht. Die erste Hälfte der Lieferung Morphiumbasis aus der Türkei ist gerade eingetroffen, der Rest wird in ein paar Wochen hier sein. Die Verarbeitung dauert dann auch noch ein paar Wochen. Mehr habe ich dazu nicht zu sagen, einverstanden?«
Charnier setzte ein besänftigendes Lächeln auf, um die aufgekommene Spannung zu dämpfen. Dem konnte sich Ball nicht entziehen.
»Einverstanden«, sagte er. »Aber halte uns doch in Zukunft auf dem laufenden, Alain. Das ganze Mißtrauen kommt doch nur von dieser Geheimnistuerei.«
Charnier lächelte wieder. »Wenn wir keine Geheimnisse voreinander haben, *mon Général,* dann machen wir auch kein Geschäft miteinander. *Voilà*!«
In diesem Augenblick kam die schlanke Brünette, Denise, zu ihnen herüber. Auch sie trug einen Jagdanzug aus Tweed und Lederstiefel. Aber diese männliche Garderobe diente bei ihr nur dazu, die sehr weibliche Eleganz ihrer Bewegungen zu betonen. Allerdings hielt sie ihr Jagdgewehr völlig korrekt und konnte damit besser umgehen als die meisten Männer.
Charnier legte ihr den Arm um die Schulter und flüsterte ihr etwas ins Ohr. Sie nickte lächelnd und drückte ihm zärtlich die manikürte Hand.
Ein Fasanenschwarm flog vor den Treibern auf dem Feld in die Höhe. Charnier spielte die Gastgeberrolle perfekt und hielt sein Feuer zurück, während Denise und Ball sofort schossen. Dann applaudierte er. »Ausgezeichnet, alle beide. Im Vergleich dazu komme ich mir armselig vor.«
Denise wandte sich an Bill: »*Magnifique,* Bill, du hast genau

zur richtigen Zeit geschossen.«
Er zuckte die Achseln. »An das Gewehr bin ich überhaupt nicht gewöhnt. Das ist bloß eine Winchester, die ich mir von einem der Jungs in Bangkok geliehen habe. Aber für dein Stück, Alain, würde ich fast meinen Anteil an unserem Geschäft hergeben.«
Stolz streichelte Charnier sein Gewehr, ein nobles Modell von Holland & Holland, auf dem eine Goldplakette besagte: »S. M. Maharadscha von Jodhpore«.
»Ich möchte ja keinen Preis nennen«, sagte er. »Aber mit deinem Anteil, das könnte schon stimmen.« Er reichte Ball das Gewehr, damit er es bewundern konnte, und lächelte Denise an, die gerade einem der Treiber ihr Gewehr gab und zurück zum Landrover ging. Auch Ball und Charnier gaben ihre Büchsen ab, die dann von den Treibern wieder aufgeladen wurden.
»Wir müssen noch eine Entscheidung wegen unseres Rendezvous nach der Ablieferung der Ware treffen.«
»New York?« schlug der Amerikaner vor.
Charnier lächelte überlegen. »William, du weißt doch genau, daß wir das besser lassen sollten. Die Luft in New York ist leider zu ungesund, vor allem für mich. Außerordentlich bleihaltig.«
Der Amerikaner grinste. »Natürlich, aber ich habe nun mal eine Schwäche für diese Stadt. Sie ist wirklich sehr amüsant. Wie bist du eigentlich herausgekommen, wenn das keine indiskrete Frage ist?«
Charnier zuckte die Achseln. »Eigentlich war das ganz einfach. 83 Polizisten wollten mich sprechen. 52 davon haben es dann vorgezogen, sich statt dessen mit meinem Geld zu unterhalten. Ich liebe eine Stadt, wo man genau weiß, woran man ist.«
»Und die 70 Kilo?« fragte Ball. »Ich habe gehört, sie sind direkt aus dem Polizeipräsidium verschwunden. Hast du etwa...?«
Bedauernd schüttelte der Bärtige den Kopf. »Leider nicht. Anscheinend sind acht New Yorker Polizeibeamte sehr reich geworden. Die fänden es bestimmt nicht lustig, wenn ich nach New York zurückkäme. Niemand sehnt sich nach Konkurrenz.«
Er lachte kurz auf. Ball nickte anerkennend. »Natürlich waren nicht alle Beamten so kooperativ«, sagte Charnier nicht ohne Bitterkeit. »Es gibt Männer, die sind zu blöde, zwischen Pflicht und Eigeninteresse zu unterscheiden. Einer hätte beinahe die ganze Operation ruiniert. Du weißt ja wohl, wer das ist.«
Ball nickte, und Charnier fuhr fort: »Weißt du, ich habe den Kontakt zur anderen Seite auch nicht ganz abgebrochen. Dieser verrückte amerikanische Polizist lebt noch immer in der Vorstellung, er könne mich stoppen. Aber darüber brauchst du dich nicht aufzuregen.«
»Wahrscheinlich nicht«, sagte Ball. Nach einer Pause bemerkte

er ganz nebenbei: »Übrigens, Alain, gestern fand ich zufällig deinen Namen im Wörterbuch. *Charnier* – ein Gewölbe für die Knochen der Toten. Ist das nicht ziemlich…?«
Der bärtige Franzose lächelte. »Keine Angst, Bill, mein *richtiger* Name klingt… ganz gut.«
Denise winkte ihnen vom Tisch aus zu, daß das Essen angerichtet sei. Die beiden Männer gingen auf sie zu. »Dann wollen wir mal sehen, was meine charmante Denise für uns zubereitet hat«, sagte Charnier.
»Nur noch eine Frage, Alain«, sagte Ball. »Wegen dieses amerikanischen Cop. Du meintest, er könnte uns noch Ärger bereiten?«
Charnier machte eine wegwerfende Geste. »Vergiß es, Bill. Die Sache wird von uns erledigt.«

13

Doyle saß an dem lädierten Mahagoni-Schreibtisch neben dem Waschraum des Präsidiums. Ungeduldig klopfte er mit den Fingern auf das schäbige Holz. Neben ihm stand Miletto, manchmal ging er auch hastig auf und ab. Sie verhörten eine Figur, die sich in einem Stuhl an der Wand zusammenkauerte, einen Korsen, der in einem schnellen, abgehackten Dialekt sprach. Für Doyle war das Frage- und Antwortspiel Oper mit Pantomime. Er lehnte sich zurück und legte die Füße auf den Schreibtisch. Der Revolverhalfter an der Wade war zu sehen, aber das war ihm jetzt auch egal. Sollen sie ihm das Ding doch abnehmen, sollen sie ihn nach Hause schicken, sollen sie machen, was ihnen in den Kopf kommt. Mit seiner totalen Unkenntnis der Sprache, den Mühen des Alltags, der Schwierigkeit, ein Bier oder etwas zu essen bestellen, war ihm jetzt alles gleichgültig geworden. Das war kein Job mehr, nur noch ein riesiges Puzzle-Spiel.
Auf dem Schreibtisch vor ihm stand ein enormer Aschenbecher mit der Aufschrift »Pastis 51°«. Er war bis oben angefüllt mit ausgedrückten Zigaretten, vor allem Gauloise Bleu. Die Finanzen hatten Doyle gezwungen, auf das französische Kraut umzusteigen, und jetzt gefiel ihm dessen grober, ehrlicher Geschmack auch schon. Neben dem Aschenbecher lagen unzählige Blätter, die aus dem Notizblock gerissen worden waren. Alle zeigten unbeholfene, dilettantische Zeichnungen eines bärtigen Gesichts.
Der Mann, der gerade verhört wurde, hieß Gordoni, und er gehörte zu der Bande von Albert Bistoni. Der war wiederum ein enger Mitarbeiter von Jean-Baptiste Croce, einem korsischen Kapitän des Francesci-Venturi-Syndikats, das als das größte Heroin-Unternehmen von Marseille galt. Miletto hatte Doyle erzählt, daß Gordoni mehrere Jahre davon gelebt hatte, dem *Bureau des Stupéfiants* Tips zu verkaufen, und davon waren die meisten getürkt. Er wurde verdächtigt, mehrere falsche Drogen-Labors eingerichtet zu haben, nur um die Prämie von den Amerikanern im Konsulat zu kassieren. Jetzt waren seine Informationen noch unzuverlässiger geworden. Miletto kam herüber zum Schreibtisch, um eine Zigarette auszudrücken.
»Dieser Gordoni ist dreimal wegen Einbruchs verhaftet worden, eine Verurteilung, bisher keine Verbindung zu Drogenfällen.«
»Schauen wir uns doch mal seine Arme an«, schlug Doyle vor.
Miletto befahl dem Mann, die Ärmel seines verschlissenen Pullovers hochzukrempeln. Überall waren die lilafarbenen Linien, die Nadelspuren zu erkennen.
»Ich wußte doch, daß der schmutzig ist«, sagte Doyle. »Frag' ihn

mal, was er davon hält, die nächsten drei Nächte hier zu verbringen.«
Miletto rasselte die Frage auf Französisch herunter. Hektisch schüttelte Gordoni den Kopf.
»Dann frag' ihn, ob er Charnier kennt«, sagte Doyle wieder. »Schau, so sieht der Kerl aus.« Er schnappte sich einen Bleistift und kritzelte noch ein Gesicht auf das gelbliche Papier. Er wußte, daß es keinen Zweck hatte. Das sah Charnier nicht im geringsten ähnlich, bis auf den Bart, und Bärte wachsen und werden wieder abrasiert, aber sonst hatte er ja nichts in der Hand.
Miletto übersetzte die Frage wieder. Gordoni starrte auf das Bild und schüttelte dann verzweifelt den Kopf.
Ungeduldig packte Doyle die Schreibtischkante. Er verspürte einen starken Drang, mit der flachen Hand so zuzuschlagen, daß dem Kerl die Zähne wackelten, aber das war hier nicht sein Revier. Außerdem glaubte er wirklich nicht, daß dieser kleine Spitzel etwas wußte. Müde wandte er sich an Miletto. »Sperr ihn ein«, sagte er. »Wir kommen auf ihn zurück.«
»Aber es gibt doch kein Gesetz gegen Drogensucht«, protestierte Miletto.
Doyle wurde rot vor Wut. »Dann erfinde doch eines! Verdacht, Verschwörung, Vortäuschung, ein menschliches Wesen zu sein oder irgendeinen anderen Mist. Ihr Jungs wißt doch, wie man sowas macht! Und nach eurem System kommt er doch vier Tage nicht raus, stimmt's?«
»Stimmt«, sagte Miletto.
»Okay, schmeiß ihn ins Loch. Wer ist der nächste?«
Miletto führte den Mann in den Gang, wo er von zwei Uniformierten übernommen wurde, die ihn in die Zelle auf der anderen Seite des Gebäudes brachten.
»Ach, das ist doch völlig für die Katz«, ächzte Doyle. »Was wollen wir hier eigentlich?« fragte er seinen französischen Kollegen.
Miletto gab keine Antwort. »Willst du ein Sandwich?« fragte er nur.
»Ja, okay, aber ich werde schon wahnsinnig von diesen ewigen *bagnats.* Kannst du versuchen, mir einen Hamburger zu besorgen – roh, mit Zwiebeln, Mayonnaise, Ketchup und Senf?«
Miletto zuckte die Achseln und schrieb einfach *»un hamburger garni«* auf den Zettel.
Doyle war für einen Moment allein im Büro. Er ging hinüber zum Fenster und betrachtete die alten Häuser der Umgebung. Die große Razzia in Aubagne verriet, daß ein großer Coup in Vorbereitung war. Das mußte ein Charnier-Geschäft sein, für jeden anderen war das einfach zu groß. Charnier war der Mann

hinter dem Francesci-Venturi-Syndikat. Drüben in den Staaten hatten ihm Bundesbeamte schon oft erzählt, daß sie ganz dicht an die Chefs der Syndikate herangekommen waren, daß die Könige dann aber auf Befehl von Paris wieder freigelassen wurden. Hyde hatte auch etwas von Bestechung an der Spitze angedeutet. Überall auf der Welt das gleiche Spiel: jeder beglückwünscht dich, wenn du die kleinen Rädchen schnappst, aber die Bosse sind durch ihren Einfluß abgeschirmt.
Trotzdem war Doyle wild entschlossen, daß Charnier ihm diesmal nicht durch die Lappen gehen sollte. Aber diese endlosen Verhöre von kleinen Spitzeln waren reine Zeitverschwendung. Er fragte sich, warum Barthelmy ihn damit beauftragt hatte. Um ihn zu beschäftigen? Um ihn wahnsinnig zu machen? Spitzel dieser Größenordnung hatten bestimmt noch nie von Charnier gehört, selbst wenn das sein richtiger Name war. Sie würden den Kerl auch nie zu Gesicht bekommen. Da mußte die Polizei hier schon andere Nummern erwischen als diese mickrigen Krötenfresser.
Miletto kam mit dem Essen wieder, das er auf dem Schreibtisch absetzte. Dann gab er den beiden Polizisten ein Zeichen, sie sollten Gordoni wieder aus der Zelle holen. Jetzt ließen sie dem schmächtigen Korsen die Handschellen an.
Frustriert schob Doyle Miletto zur Seite und schnappte den Mann am Kragen und drückte ihm den Kopf gegen die Wand. »Hör zu, du *Motherfucker*! Ich werd' mit dir in den Keller gehen, kapiert? Da drehe ich dir ein bißchen den Hals um und zerbrech' dir den Knorpel. Dann tret' ich dir in den Bauch, ich trete dir so fest in den Bauch, daß dir das Kreuz bricht. Dann fang' ich an, deine Arme zu bearbeiten. Ich spanne sie über ein Faß oder sowas und benutze sie als Trampolin. Dann sind deine Beine dran. Aus deinen Kniescheiben mach' ich einfach Knochenmehl. Und wenn ich mit dir fertig bin, dann wirst du mich voller Dankbarkeit auf Charniers Schoß setzen.«
Milettos Stimme unterbrach das Konzert. »Komm jetzt essen, Popeye, bevor alles kalt wird.«
Die gleichgültige Stimme löste die Anspannung, und Doyle ließ den kreidebleichen Spitzel in den Stuhl zurücksinken.
Miletto hatte ihm alles hingestellt, und Doyle untersuchte den französischen Hamburger argwöhnisch. Ein verkohltes, mickriges Stück Fleisch zwischen zwei Scheiben Pariser Brot. »Sag mal, holt ihr das im Krematorium?«
Angewidert warf er den Hamburger nach Gordoni, der sich instinktiv zur Seite lehnte, riß sein Jackett von dem Stuhl und machte sich auf den Weg zum Ausgang. Ängstlich rief Miletto hinter ihm her: »Doyle! Die Anordnungen...«

Doyle bewegte seine Faust in einer obszönen Geste vor seiner Hose hin und her. »Da, das kannst du mit deinen Anordnungen machen...«
Miletto gab den beiden Polizisten ein Zeichen, Gordoni wieder einzulochen, und trottete hinter Doyle her.
Als sie an Barthelmys Büro vorbeikamen, sah der Inspektor den wütenden Amerikaner, legte seine Akten weg und griff nach dem Telefon.
Als Doyle durch das massive Steinportal aus dem 19. Jahrhundert auf die Straße trat, nickte Miletto zwei Kriminalbeamten zu, die in der Nähe der Treppe herumstanden. Einer war groß, jung und scheinbar harmlos; er trug ein T-Shirt mit einem Bild des Château d'If. Der andere war ein alter Profi in einem verknautschten Anzug und mit einem alten Filzhut auf dem Kopf, ein Typ, an dessen Gesicht man sich nie erinnern würde, wenn man ihn gesehen hat.
Doyle hastete die Rue Panier hinunter, und die beiden folgten ihm unauffällig. Miletto blieb noch einen Moment stehen, um den Abmarsch zu beobachten. Dann drehte er sich um und hielt vor Barthelmys Büro an. Mit bedauerndem Gesichtsausdruck nickte er seinem Chef zu, und Barthelmy nickte zufrieden zurück.
Doyle bog rechts in die Cannebière ein. Von seinen Fahrten quer durch die Stadt mit den Polizeibeamten wußte er, daß sich hier alles in den engen Straßen in der Umgebung der *Opéra* abspielte. Im Grunde wußte er, daß das auch keinen Zweck hatte, denn Charnier würde wohl kaum in diesen halbseidenen Bars aufkreuzen. Trotzdem spürte er ein ungeheures Verlangen, sein eigenes Ohr an den Boden zu legen, etwas ohne den Filter von Milettos lahmen Übersetzungen mitzukriegen. Er wollte sich Gesichter ansehen, seinen Straßen-Grips einsetzen, seiner geschundenen Nase folgen, um zu sehen, ob die ihn wenigstens irgendwohin führte.
In New York hatte das immer funktioniert, aber New York war auch sein eigener Spielplatz, und das hier war ein absurder Zoo. Doyle schob sich durch die überfüllten Straßen, über den Brunnenplatz, vorbei an der »Scottish and American Bar«, die er schon zehnmal ausprobiert hatte, ohne jemals ein Wort Englisch zu hören, geschweige denn einen Schotten oder gar einen Amerikaner zu sehen.
Als er in den engen Straßen des Opéra-Viertels gelandet war, registrierte sein Unterbewußtsein die beiden Figuren, die ihn beschatteten, und er wußte genau, daß es Polizisten waren. Aber im Augenblick war ihm das scheißegal.
Doyle war kaum fünf Minuten unterwegs, als Barthelmy eine Telefonverbindung mit New York bekam.

»Hallo, Lieutenant, wie geht's? ... Ja, hier ist sehr schönes Wetter... Nein, ich glaube nicht, daß Doyle sich darüber freut... Naja, er kommt mit seiner Untersuchung nicht weiter. Davor hatte ich Sie ja von Anfang an gewarnt... Ja, Ihr Plan läuft genau. Über uns ist er sauer, und jetzt rennt er alleine in Marseille herum. Wie eine sitzende Ente, so hatten Sie sich ja wohl ausgedrückt.«
Die Stimme am anderen Ende der Leitung sprudelte lauter Erklärungen hervor, aber Barthelmys Gesichtsausdruck blieb verärgert und unbefriedigt.
»Offen gesagt, finde ich Ihren Plan miserabel, aber ich habe Order aus Paris, Ihre Instruktionen zu befolgen. Wenn dieser Charnier – oder wie immer sein Name sein mag – ihn hier auf der Straße sieht, könnte das sehr gefährlich werden... Zwei meiner Männer beschatten Doyle Tag und Nacht, aber er macht ja, was er will. Ich kann nur wiederholen, daß ich so etwas nicht...«
Wieder kamen Erklärungen von der anderen Seite des Ozeans. Barthelmy schlug dagegen einen anderen Plan vor: »Ich, ich würde Doyle darüber *informieren,* daß er ein – wie sagen Sie? – Lockvogel ist... Na gut, es ist Ihr Mann, nicht meiner, aber ich übernehme keine Verantwortung... Ja, er ist leicht ausfindig zu machen, jeder erkennt ihn zwangsläufig... *Merde*! ... Wir sind unterbrochen worden... Was soll das bedeuten, das französische Amt ist schuld?... Was?... Hallo? Hallo? *Merde*!«
Der französische Inspektor legte auf, faltete die Hände und ging Gedanken nach, die ihn nicht gerade glücklich stimmten.

14

Doyle warf nicht einmal einen Blick zurück, um zu sehen, ob seine Schatten noch hinter ihm waren. Absichtlich betrat er die erste Bar, die er zu Gesicht bekam, ein *PMU tabac,* wo Spieler über ihrem *pastis* hockten und die Wettzettel für die Pferderennen ausfüllten, nachdem sie ihre Bleistifte mit Spucke befeuchtet hatten. Das war schon anders als auf der Third Avenue, aber hier fühlte sich Doyle irgendwie zuhause.
Geistesabwesend sagte er zu dem Mann hinter der Bar: »Four Roses pure und 'n Glas Wasser extra.«
»Comment?« fragte der Barmann mit verwirrtem Gesichtsausdruck.
Einen Augenblick lang hatte Doyle vergessen, daß er in Frankreich war. Mit dünnem Grinsen inspizierte er die Flaschen, die hinter der Bar aufgereiht standen.
»Scheiße, wollen wir doch 'mal sehen – Borbon.« Er versuchte,

das Wort auf Französisch auszusprechen. »Böör-bong, weißt du, Jacques Daniels!«
Der Barmann zuckte die Achseln. Doyle besichtigte die Flaschen noch einmal. Von Bourbon keine Spur. Aber da sah er eine Flasche Grant's auf dem Regal.
»Okay«, sagte er, »el scotcho.« Er deutete auf die Flasche.
Der Barmann lächelte. »Ahh, Whii-skii.«
Doyle erwiderte das Lächeln. »Richtig, Junge, hinein damit. Mucho, mucho. Viel Eis dazu.«
Der Barmann mixte ihm einen passablen Drink. Doyle griff danach und warf einen 10-Francs-Schein auf die Bar. Der Mann verstaute ihn in der Kasse.
»He, und mein Wechselgeld?« sagte Doyle. »Zehn Francs sind immerhin zwei Grüne. Wechselgeld!« Er zeigte mit dem Finger auf das Glas und dann auf die Kasse.
Der Barmann gab ihm ein Zeichen, ihm zu folgen. Auf der anderen Seite der Bar zeigte er ihm ein Schild an der Wand. Darüber stand *Tarif des consommations*. Offenbar eine Preisliste. Der Mann zeigte ihm das Wort »Scotch« und dann die entsprechende Zahl: 10f. Er zuckte die Achsel »Whiis-kii *dix francs*.«
Jetzt hatte Doyle begriffen. Er ließ sich auf einen Stuhl hinter einem Marmortisch fallen und schluckte Whisky und Atmosphäre. Der Drink war stark, hielt aber nicht lange. Doyle griff in die Jackentasche und holte ein Bündel abgegriffener Geldscheine heraus. Davon nahm er noch einen 10-Francs-Schein und warf ihn auf die Bar. »Noch einen, Kumpel«, sagte er. »Mehr Whii-skii, otra vez.«

Der Barmann erledigte die Bestellung, und Doyle konnte in dem Spiegel über der Bar erkennen, daß zwei Mädchen das Lokal betraten. Eine trug ein T-shirt mit der Aufschrift »Princeton University«, die andere enge Jeans. Beide hatten langes, glattes, blondes Haar. Doyle kippte den halben Whisky in zwei Schlücken, dann stand er auf.
Er ging auf die Mädchen zu und tippte dabei an seinen Nylon-Hut. »Hi, girls, Welche von euch war denn nun in Princeton?«
Sie sahen ihn verständnislos an.
»Wie wär's denn, wenn ich euch Mademoiselles einen Drink spendierte?«
Das Mädchen mit dem T-shirt sagte: *»Je vous prie, m'sieur, laissez nous tranquilles!«*
Doyle verstand den Tonfall der Abfuhr, war aber nicht bereit, sie hinzunehmen. »Jetzt macht doch nicht solche Zicken, wir können doch einfach zusammen einen Schluck nehmen.« Er hielt sein Glas hoch und deutete auf seine Brust und auf die Mädchen. »Einen Whii-skii?«
Sie begriffen genau, wollten aber nicht mitspielen. »Nein, nein. Nicht Englisch«, sagte das Princeton-Mädchen. *»Foutez-nous le camp, hein!«*
Das Mädchen in Jeans warf einen Geldschein in die Untertasse auf dem Tisch, als zwei junge Männer in Rocker-Jacken auf ihren Motorrädern vor der Bar hielten. Sie begrüßten die Mädchen, die lächelnd hinausgingen.
»Ihr könnt mich mal an meinem irischen Arsch lecken«, murmelte Doyle, kippte den Drink ganz herunter und verließ die Bar. Er war jetzt fest entschlossen, wie er den Abend verbringen wollte. Wenn er diesen Fall schon nicht lösen konnte, wollte er wenigstens etwas erleben. Und nun wußte er auch wenigstens, was er bestellen mußte, solange die Kasse noch stimmte. Die beiden geduldigen Schatten tauchten wieder aus ihren Toreinfahrten auf und schlenderten hinter dem Polizisten aus New York her, einer immer einen halben Straßenblock hinter dem anderen.
Mit den beiden Scotches hinter der Weste fühlte Doyle sich schon etwas besser. Aber er hatte das Gefühl, daß er noch mehr brauchte, um die Frustrationen im Polizeipräsidium zu vergessen. Also hielt er vor einem Vorhang an, über dem das Wort »Bar« stand. Hier sah es jedenfalls verheißungsvoller aus als in dem *tabac*, und an der Bar sah er Mädchen sitzen, die bestimmt nicht so zickig waren wie die beiden anderen.
Doyle trat ein und setzte sich in der Nähe eines großen, schlanken Mädchens auf einen Hocker. Er warf wieder einen Zehner auf die Bar und verlangte einen Whisky. Verständnislos blickte der Barmann auf den Schein und schob ihn dann zurück.

»Nicht genug«, sagte er auf Englisch. Er lächelte kühl und zeigte auf ein Schild über der Bar: »Scotch Whisky – 20f«. Doyle sah sich um. Er erkannte eine Reihe von blonden Männern, die nicht französisch, aber sicher auch nicht amerikanisch aussahen. Sie redeten in einer Sprache, die sich wie Deutsch oder vielleicht auch Holländisch anhörte. Sie waren stockbesoffen. Vor ihnen lag ein ganzer Haufen zerknüllter Geldscheine, und einer von ihnen steckte einem Mädchen gerade einen Schein in den Ausschnitt ihres Kleides, das kaum die Spitzen ihrer vollen Brüste bedeckte.
Doyle begriff jetzt, daß er in einen Neppladen für Matrosen geraten war. Aber er sah noch ein anderes Schild: »Eiskaltes Bier – 3f50.«
»Okay, vergiß den Whisky«, sagte er. »Ich nehme ein Bier.«
Das hochgewachsene Mädchen mit der braunen Haut drehte sich interessiert zu ihm um. »Du Amerikaner? Kaufst du mir Drink?«
»Aber klar«, sagte Doyle, »trink was Schönes, aber keinen Scotch, kapiert?«
»*Un menthe*«, sagte sie zu dem Barmann, der ein hohes Glas nahm und es mit einem dickflüssigen, grünen Zeug auffüllte.
»Laß mal sehen«, sagte Doyle. Er schnupperte an dem Glas. Das roch nach Pfefferminz. Er probierte das Zeug. Es enthielt tatsächlich Alkohol. »Herrgott, wie kannst du bloß den ganzen Abend dieses Gift trinken?«
»25 Francs«, sagte der Barmann.
Verflucht, dachte Doyle, da hätte ich ihr ja noch besser einen Scotch spendiert.
Er sprach das Mädchen an. »Sprichst du Englisch?«
»Ein bißchen«, sagte sie mit starkem Akzent.
»Wie wär's denn, wenn wir beide, du und ich, weggingen und ordentlich swingten?«
»*Comment?*« fragte das Mädchen verwirrt.
»Ich dachte, du hättest gesagt, du sprichst Englisch... Du (er zeigte mit dem Finger auf ihre dunkelbraune Brust) und ich (er deutete auf sich selbst) draußen (er zeigte auf die Tür) trinken (Er mimte das Trinken aus der Flasche), vielleicht auch zusammen schlafen (er faltete die Hände und legte den Kopf seitlich darauf)?«
Das Mädchen lächelte. »Nein, nein, ich bleibe hier. Drink.«
»Oh ja, klar«, sagte Doyle angewidert. »Aber nicht mit mir, Baby, nicht zu diesen Preisen.« Er sah sich ihr Gesicht noch einmal an. Sie hatte weiche, afrikanische Lippen und eine dünne Nase. Das Haar war dunkel und gekräuselt. Die Haut tiefbraun.
»Bist du aus Afrika?« fragte er sie.
»Afrika?« fragte sie und deutete dabei auf sich. »Ich Madagaskar,

mein Vater italienischer Seemann.«
Das Mädchen hatte das Interesse verloren. Offensichtlich empfand sie die englische Konversation als Schwerstarbeit, vielleicht war ihr aber auch nur der Wortschatz ausgegangen. Doyle rechnete sich aus, daß er hier den ganzen Abend rumsitzen und mindestens hundert bis hundertfünfzig Dollar springen lassen müßte, damit sie dann mit ihm wegginge. Und dann stellte sich noch die Frage, was *das* wieder kosten würde. Da war er mit seinem Zimmermädchen im Hotel de l'Univers doch besser dran. Er nahm sein Wechselgeld und ging weg.
Das kalte Bier war seiner trockenen Kehle gut bekommen, aber damit konnte man sich einfach nicht vollaufen lassen. Er beschloß, in den billigen Bars Whisky aufzutanken und in den Schuppen mit Mädchen nur Bier zu trinken.
Er brauchte sich gar nicht umzudrehen, um zu wissen, daß seine Bewacher noch hinter ihm waren. Er überlegte, ob er sie zu einem Drink einladen sollte, aber dann dachte er sich: zur Hölle mit ihnen, laß sie doch das Gewerbe richtig von der Pike auf lernen! Er dachte an die schmerzhaften Stunden, die er in eiskalten New Yorker Toreinfahrten gestanden hatte, an die halben Nächte ohne Pause für einen Kaffee, einen Whisky oder ein Sandwich. Pech für die Franzosen. Trotzdem wird Popeye Doyle sich heute nacht noch amüsieren.

15

Doyle drang tiefer in das Opéra-Viertel vor, und überall sah er Bars, auf deren Hockern einladende Frauen saßen. Aber er wußte, daß sein Geld nicht lange reichen würde, wenn er in diesen Neppläden weitertränke. Er ging noch einmal in ein *tabac* an einer Ecke und bestellte die milchige Flüssigkeit, die auch alle anderen Gäste tranken, einen *pastis.* Er deutete auf ein Glas an der Bar, und der Barmann nickte wortlos. Er goß ihm das Zeug in ein Glas und stellte ihm eine Karaffe Wasser dazu. Doyle schob ihm einen Zehner hinüber, und der Kellner gab ihm einen Unterteller mit mehr als sieben Francs Wechselgeld zurück. Der Schnaps kostete eindeutig weniger als Whisky.
Es schmeckte angenehm und kühl. Zuerst schien es ganz harmlos, aber dann spürte er die erwärmende Hitze des *pastis* im Magen. Der Geschmack erinnerte etwas an den Anisette, den er in New York manchmal mit ein paar Griechen trank. Er überlegte, ob er sich wohl an das Zeug gewöhnen könnte und was für einen Schwips man davon wohl bekäme.

In der Rue Molière ging er an ein paar Bars vorbei, suchte aber nach einem Laden, bei dem er gleich ein gutes Gefühl hatte. Er erwartete ja gar nichts, wollte eigentlich nur Dampf ablassen, und dazu brauchte er die richtige Umgebung.
Als nächstes prüfte er eine Bar, die *Le Perroquet Bleu* hieß. Vor dem Fenster hingen gelbe Vorhänge, so daß er sich bücken mußte, um sich die Szenerie anzusehen. Sie machte einen lebendigen Eindruck. Auf der Tanzfläche waren mehrere Paare in Aktion, in der Ecke stand eine farbenfrohe Music-Box, und ein paar Nischen mit Sofas und Vorhängen machten den Eindruck, als könne man sich dort auch etwas intimer unterhalten.
Doyle öffnete die Tür und beobachtete den Betrieb eine Weile. Von den Männern sahen höchstens vier so aus, als könnten es Franzosen sein, der Rest bestand aus Seeleuten oder vielleicht auch Touristen. Ihm wurde immer klarer, daß er im falschen Viertel suchte. Das hier war bestimmt nicht Charniers Jagdrevier. Selbst wenn er in Bars mit Mädchen ging, suchte er bestimmt eine andere Klasse. Allerdings konnte man nie sicher sein. In New York besuchten einige der ganz großen Mafia-Bosse schließlich auch die miesesten Schuppen, wo man sie nie vermuten würde.
Er ließ sich auf ein Sofa fallen und genoß die weiche Unterlage. Ein Mädchen mit ingwerfarbenem Lockenkopf und Hosenanzug nahm seine Bestellung entgegen. Doyle war Bier, Bier, *pastis* und den ganzen anderen Kram leid. Selbst der Scotch erschien ihm nicht als Verlockung.
»Hören Sie, haben Sie wohl Bourbon, amerikanischen Bourbon, Jack Daniels oder so etwas?«
Das Mädchen lächelte. »Selbstverständlich. Möchten Sie Old Forester oder Jack Daniels?«
Endlich hatte er die Zivilisation gefunden. Doyle seufzte. »Ich nehme einen Daniels on the rocks, jede Menge Eis, bitte.«
Als sie den Drink brachte, stellte sie ihm einen Teller mit Pistazien dazu, die Doyle geistesabwesend knackte und aufaß. Bevor er den zweiten, tief befriedigenden Schluck Daniels runterschluckte, trafen seine Augen plötzlich ein in Seide gehülltes Knie. Sein Blick wanderte nach oben, und die Wanderung lohnte sich. Das Mädchen trug einen engen schwarzen Wollpullover und darunter eine weiße Bluse mit Puffärmeln. Ihr Haar fiel ihr in eleganten Strähnen über die Schultern und manchmal auch ins Gesicht.
»Okay?« fragte sie und deutete auf den Sitz neben ihm.
»Okay!« sagte Doyle und streichelte den Sitz neben sich. »Fühl dich wie zu Hause. Wie heißt du denn, Baby?«
»Babette. Und du?«
»Pop...«, dann unterbrach er sich. »Bill, mein Name ist Bill«, sagte er.

»Du bist Engländer?«
»Nein, Amerikaner.«
»Gut. Ich liebe nicht die Engländer«, sagte das Mädchen. »Aber ich liebe die Amerikaner.«
»Gut so.«
Diesmal wartete er nicht, bis das Mädchen ihn um einen Drink bat. Er rief nach der Kellnerin.
»Was nimmst du, Baby?«
»Darf es Champagner sein?«
»Wieviel macht der?«
»Ich nehme eine kleine Flasche – nur 15 Dollar.«
»*Nur* 15 Dollar«, wiederholte Doyle. »Sag mal, Herzchen, hältst du mich für einen millionenschweren Yankee?«
»Nein, nein«, wehrte sie ab und legte ihm eine weiche Hand auf das Knie. »Champagner mag ich nur so gerne. Wenn du willst, nehme ich eine *Menthe.*«
Der Gedanke daran, ihr beim Trinken dieser schleimigen, grünen Flüssigkeit zuzusehen, erregte Doyles Ekel. Er griff sich in die Hüfttasche und nahm das Heft mit Reiseschecks, die er rasch durchzählte. Bei seinem jetzigen Tempo mußte er Charnier ganz schnell finden, sonst würde er bald Bankrott anmelden müssen. Aber in den nächsten Tagen mußte ja sein Gehaltsscheck im Konsulat eintreffen. In Reiseschecks hatte er noch etwa tausend Dollar, mit der anderen Hand suchte er in der Jackentasche nach den rapide abnehmenden Francs.
Der Blick des Mädchens blieb an den Reiseschecks hängen. »Das geht in Ordnung«, sagte sie. »Die werden hier angenommen.«
»Großartig«, sagte er und winkte der Kellnerin wieder zu. »Eine Flasche Champagner mit zwei Gläsern.«
Er nahm einen Filzstift aus der Tasche und unterschrieb den Scheck. »Hier, nehmen Sie es davon.«
Babette setzte sich dicht an ihn heran, und Doyle spürte die Wärme ihres Schenkels. Beiläufig streckte er eine Hand aus und ließ sie auf ihrem Knie liegen. Sie schien nichts dagegen zu haben, sondern tat einfach so, als wäre sie nicht dort. Was soll's, dachte Doyle, irgend etwas muß man ja für sein Geld bekommen.
Die Kellnerin kam mit dem Champagner und seinem Wechselgeld. »He, ich dachte, du hättest eine *kleine* Flasche bestellt«, sagte Doyle zu dem Mädchen.
»Naja, das Mädchen hat sich eben geirrt, als du ihr den Scheck gegeben hast. Aber eine große Flasche kostet nur 25 Dollar, dabei sparst du doch Geld.«
»Ja, ich spare Geld. Bei den Zinsen falle ich morgen der Wohlfahrt zur Last.«
Das Mädchen verstand kein Wort von dieser Befürchtung, lächelte

aber freundlich. Sie nahm die tropfende Flasche aus dem Eiskübel und füllte zwei überschäumende Gläser. Doyle mußte zugeben, daß der Champagner gut schmeckte, wenn man sich einmal daran gewöhnt hatte. Mit einer intimen Geste stieß sie mit ihm an.
»Chin-chin«, sagte sie.
»Richtig, Baby«, sagte er und nahm ihr Kinn in die Hand. Er versuchte, sie zu küssen, aber sie wendete sich lächelnd ab. »Das dürfen wir hier nicht«, sagte sie entschuldigend.
»Klar, aber du kannst hier nicht weg, stimmt's?«
Sie lächelte rätselhaft. »Jedenfalls erst später.«
»Wann macht der Laden denn dicht?«
»Vielleicht um zwei oder drei, vielleicht auch um vier.«
Das ist ja großartig, dachte Doyle. Ich soll also die nächsten vier Stunden dieses Zeug für 25 Grüne die Flasche trinken. Er trank das Glas aus und überlegte dabei. Er war schon lange genug im Geschäft, um die Routine zu kennen. Wahrscheinlich funktionierte der Trick in allen Ländern ähnlich. Der Typ muß drei oder vier Stunden einen Drink nach dem anderen bestellen, ist dann randvoll, und das Mädchen verschwindet durch den Hinterausgang.
Doyle nahm seinen Stift und riß ein Blatt Papier aus dem Block. Dieses Mal versuchte er, eine halbwegs erkennbare Zeichnung hinzukriegen.
»Hast du mal einen Mann gesehen, der so aussieht?« fragte er. »Weißer Bart, 'ne Menge Geld, ein Franzose? Er ist ein guter Freund von mir, und ich will ihn unbedingt finden, damit wir zusammen einen trinken gehen können. Ich glaube, daß er sich häufig in dieser Gegend herumtreibt.« Interessiert betrachtete Babette die Zeichnung.
»Ja, ich glaube, ich kenne ihn vielleicht. Er kommt manchmal hierher.«
Doyle verspürte ein seltsames Zerren in der Brust.
Babette fragte: »Er ist ein großer Mann? Wie der Weihnachtsmann?«
»Nein, nein«, sagte Doyle. »Er ist nur etwa so groß.« Er hielt eine Hand in Höhe seiner Nase. »Und er ist eher mager.«
»Ach so«, sagte das Mädchen enttäuscht. »Dann ist nicht derselbe. Es ist wichtig für dich, diese Mann zu finden?«
»Hör mal, ich würde dafür jederzeit ein paar hundert Dollar springen lassen, weil wir so enge Freunde sind.«
»Da ist anderer Mann. Er sieht aus, wie du sagst. Sagst du mir wieder, wie er ist?«
»Er ist etwa so groß, ist immer sonnengebräunt, als lebte er ständig auf einer Yacht. Er hat einen weißen Kinnbart und Schnurrbart. Seine Augen, ich glaube, sie sind braun. Er wiegt vielleicht 150 Pfund.«

»150 Pfund, wieviel ist das?«
»Ach ja, natürlich in Kilo. Er wiegt vielleicht 75 Kilogramm.«
Das Mädchen überlegte.
»Vielleicht ich kenne ihn. Du sagst, er hat viel Geld? Er trinkt in teuren Bars?« Zärtlich legte sie ihm wieder die Hand aufs Knie. »Warte, ich telefoniere.«
Vielleicht war das ja der Alkohol, aber Doyle verspürte nicht die Erregung, die er erwartet hatte. Er war schon in zu viele Sackgassen geraten. Aber so eine Spur war immer noch besser als die totale Untätigkeit der letzten Tage. Nachdenklich nippte er an dem Champagner und betrachtete die Leute in der Bar. Die Kassiererin, ein Mädchen mit vollen, roten, einladenden Lippen, unterhielt sich angeregt mit einem Mann. Wahrscheinlich hatten sie was miteinander, dachte Doyle. Babette war hinter einem Vorhang verschwunden, der zur Damentoilette führte. Nach fünf Minuten war sie wieder da.
»Ich glaube, vielleicht haben wir ihn gefunden, aber wir müssen abwarten. Erst trinken wir Champagner aus, nicht?«
»Er wird doch nicht weggehen?«
»Nein, nein«, sie lächelte. »Ich glaube, ich weiß, wo er ist. Er ißt immer in einem chinesischen Restaurant, das heißt ›Asia‹. Es ist in der Nähe der Cannebière. *Très elegant.* Aber er ist noch nicht dort.«
»Woher weißt du denn, daß er kommt?«
»Ich habe angerufen. Ich habe im Restaurant ihn verlangt. Aber ich habe nicht gesagt, daß ihn sucht sein Freund. Das ist richtig oder nicht?«
»Ja, richtig«, sagte er. »Wann kommt er also?«
»Sehr bald, sehr bald. Für elf Uhr hat er Tisch bestellt.«
»Ist das nicht verdammt spät?« fragte Doyle. »Oder ißt er immer so spät?«
Babette zuckte die Achseln. »Dein Freund hat seltsame Gewohnheiten, und chinesische Restaurants sind lange geöffnet.«
Liebevoll legte sie ihm die Hand auf das Bein und streichelte ihm über die Schenkel. Dabei kam sie der kritischen Zone so nahe, daß er die Hitze ihrer Hand deutlich spüren konnte.
»Und wenn wir dann deinen Freund gefunden haben...«
»Ich dachte, du kämst hier nicht raus?«
Sie lächelte und zog seinen Kopf zu sich herunter. Er spürte ihren heißen Atem im Ohr, als sie ihm zuflüsterte: »Du gibst der Kassiererin 25 Dollar in Francs. Du hast es vom Wechselgeld zu deinem Scheck. Dann wird sie nichts sagen, wenn ich mit dir gehe.«
»Und was ist mit dir? Du siehst nicht gerade aus, als wärest du

gratis zu haben, Baby.«
Sie blinzelte rätselhaft. »Darüber können wir später reden.«
Der Champagner mußte Doyle gepackt haben. Sonst hätte er sich so nicht abspeisen lassen, sondern zuerst den Preis festgelegt. Aber wegen ihrer großen grauen Augen, die seinen so nahe waren, wegen ihres Atems in seinem Ohr und wegen ihrer Finger, die noch immer auf seinem Schenkel tanzten, war er jetzt nicht in der Stimmung zu feilschen. Beinahe hätte er sogar vergessen, daß er jetzt Charnier suchen sollte.
»Okay, jetzt suchen wir erst einmal meinen alten, kleinen Freund, richtig?«
»Richtig«, sagte sie. »Wie heißt er eigentlich?«
»Egal, wie er heißt. Wir suchen ihn einfach. Wahrscheinlich hast du sowieso nicht den richtigen gefunden.«
»Er ist aber wie du gesagt hast«, sagte Babette achselzuckend.
Doyle bündelte die Francs zu einem ordentlichen Paket zusammen und half Babette beim Aufstehen. Dabei verlor sie einen Augenblick lang das Gleichgewicht und fiel sanft gegen ihn. Ihre Brüste streiften seinen Arm. Jetzt war Doyle bereit, den bärtigen Mann restlos zu vergessen.
»Entschuldigung«, sagte sie. *»Pardon.«*
»Ja, Baby, *pardon.*«
Als sie hinausgingen, legte er der Kassiererin das Bündel Francs auf den Tisch und stopfte der Kellnerin ein paar Scheine in den Ausschnitt ihrer Bluse. Aber sie reagierte nicht darauf und sagte einfach: *»Au revoir, m'sieur.«*

16

Draußen war alles ruhig, bis auf die Bars. Alle Geschäfte hatten ihre Stahlrolladen heruntergezogen, und in einigen Straßen gab es überhaupt kein Licht. Als Babette und er das Opéra-Viertel verließen, wurde es immer dunkler.
»Sag mal, warum nehmen wir eigentlich kein Taxi?« fragte Doyle.
»Nein«, sagte Babette. »Wir haben es nicht weit, und es ist eine schöne Nacht.« Dabei schob sie ihren Arm durch seinen und drückte ihre Brust gegen ihn. An der Ecke der Rue de Paradis stolperte Doyle gegen den Bürgersteig und entschuldigte sich.
»Ich muß mir mal eben den Schnürsenkel zubinden«, sagte er. Er kniete nieder, griff sich unter den Hosenaufschlag und lockerte die kleine Pistole in dem Halfter. Er war sich nicht sicher, was auf ihn zukam, und der Alkohol hatte sein Urteilsvermögen bedenklich

getrübt. Aber auf diesem Weg gab es eine Menge leere Häuser und düstere Toreinfahrten.
Andererseits, wenn das Mädchen recht hatte, und ihr Mann tatsächlich Charnier war, konnte es auch zu turbulenten Szenen kommen. Er beschloß, sich darüber erst an Ort und Stelle Gedanken zu machen.
Er konnte seine beiden Schatten nicht sehen, aber er war sicher, daß sie noch hinter ihm waren. Er stand wieder auf und bot Babette seinen Arm. Eng umschlungen gingen sie weiter und kamen in die Gegend, die am Tag ein farbenfroher und lauter Obst- und Gemüsemarkt war. Nachts war hier alles totenstill.
»Ist ja verdammt weit zu diesem Restaurant«, sagte Doyle.
Beruhigend streichelte ihm Babette über den Arm. »Wir sind gleich da, nur noch ein paar Straßen, auf der anderen Seite des Marktplatzes.«
Vorbei an verfaulenden Überresten des Markttages gingen sie in eine Straße, die noch enger und dunkler war als die anderen. Argwöhnisch steuerte Doyle auf die Mitte der Straße zu, wo jetzt überhaupt kein Verkehr mehr durchkam.
»Warum gehst du auf der Straße?« fragte Babette.
»Das habe ich in New York gelernt«, sagte Doyle.
Vorne an der Ecke sah er im trüben Licht eine Silhouette, die ein Mann sein konnte, der an der Wand lehnte, aber auch ein Abfallhaufen oder ein Stück Leinwand. Doyle ging langsamer, um es besser einschätzen zu können. Aber bevor er genauer hinsehen konnte, hörte er eilige Schritte, die aus einer Toreinfahrt hinter ihm kamen. Er drehte sich um. Gerade rechtzeitig, um das Glänzen von Stahl zu bemerken. Gleichzeitig hörte er, daß jetzt auch vom anderen Straßenende Schritte auf ihn zuliefen.
Babette versuchte, ihn am rechten Arm festzuhalten, aber er schüttelte sie ab, so daß sie gegen das Stahlrollo des Obstgeschäfts flog. Im nächsten Moment bückte er sich und griff in das Halfter an der Wade.
Mit diesem plötzlichen Ducken hatte der Angreifer nicht gerechnet, und die abrupte Bewegung warf ihn aus dem Schritt, so daß Doyle jetzt unter seinem Arm hochkommen und ihm mit dem Pistolenknauf gegen die Schläfe schlagen konnte. Fluchend fiel er auf den Rücken, aber in diesem Augenblick sprang bereits die zweite Figur Doyle in den Rücken. Wieder bückte sich der Amerikaner und warf den Mann mit einem Judogriff seitwärts über die Schulter. Inzwischen war der erste Angreifer wieder auf den Beinen und stürzte mit dem Messer auf Doyle. Der verlor keine Zeit. Er hob den Browning kurz an und drückte ab. Die Kugel prallte von der Stirn des Messerstechers ab und riß ein Stück Haut und ein paar Haare ab.

Als der zweite Mann die Pistole sah, raffte er sich auf und rannte auf den offenen Marktplatz zu. Babette war nicht mehr zu sehen. Ohne Zweifel hatte sie sich in eine der vielen Toreinfahrten gerettet. Doyle ging in die Knie, zielte mit beiden Händen auf den Rükken des Flüchtenden und drückte auf den Abzugshahn. Der Mann schien zu stolpern, rannte noch ein paar Schritte weiter und stürzte dann gegen einen abgestellten Schubkarren. Ächzend blieb er liegen.
Jetzt waren wieder laufende Schritte zu hören, als der alte Profi und der junge Schatten endlich die Szene betraten.
»Ich dachte, ihr Jungs solltet auf mich aufpassen«, sagte Doyle. »Was zum Teufel hat euch denn aufgehalten?«
Der ältere Polizist kniete neben der gestürzten Figur und untersuchte die Wunde. Die Kugel war oben in die Schulter eingedrungen, aber sie hatte nicht mehr genügend Druck gehabt, um auf der anderen Seite herauszukommen.

»Das ist nicht gefährlich«, sagte der Alte. »René, hol' einen Krankenwagen. Auf der Cannebière steht bestimmt ein Wagen mit Funk.«
Er holte Handschellen aus seinem abgetragenen Jackett und schloß die Arme des Mannes hinter dem Rücken zusammen. Er untersuchte ihn kurz, aber gründlich und legte ihn dann über den Karren, nicht ohne dabei seinen Kopf dagegen zu schmettern. Das war eine Arbeitsweise, an der Doyle Gefallen finden konnte. Plötzlich hielt der alte Profi von irgendwoher eine alte Luger in der Hand, die er auf Doyle richtete.
»Darf ich Sie um Ihre Pistole bitten, Sir?« sagte er kühl und geschäftlich.

17

Der alte Profi und der junge Schatten mit den lockigen Haaren setzten Doyle im Hotel de l'Univers ab.
»Ich schlage vor, Sie diskutieren diese Angelegenheit morgen mit Inspektor Barthelmy«, sagte der alte Profi. »Die Sache ist wirklich ernst, verstehen Sie?«
Er nahm Doyles Browning aus seiner Jackentasche. »Dieses Ding werde ich ihm ebenfalls übergeben, und er soll über seine Verwendung entscheiden.«
Doyles Wade fühlte sich nackt an. Natürlich hatte er noch den 38er Polizeirevolver oben in einer Schublade, aber nach den Ereignissen dieser Nacht schien es wahrscheinlich, daß er den auch abgeben mußte. Die starke Anregung, die ihm der Alkohol gebracht hatte, war verschwunden, und jetzt spürte er nur noch die Anfänge eines deftigen Katers.
Zum ersten Mal empfand er Sehnsucht bei dem Gedanken an den starken, schwarzen französischen Kaffee, und als er am Empfang vorbeikam, bat er den verschlafenen Concierge, ihm eine Portion nach oben zu schicken.
Er stand in der Unterhose, als Coco mit Kaffee, Brötchen und Mitleid zu ihm kam.
»Du hast schon wieder Ärger, nicht? Böser Junge!« sagte Coco. Sie nahm seine Jacke und seine Hose, die er achtlos über den Stuhl geworfen hatte, klopfte mit der Hand den Staub ab, glättete sie wieder und hing sie ordentlich auf. Das Hawaii-Sporthemd, das er seit seiner Ankunft fast ohne Unterbrechung getragen hatte, lag staubig und schmutzig auf dem Boden.
»Ich wasche das jetzt für dich«, sagte Coco. »Und die auch, ist schmutzig.«

Sie zeigte auf seine Unterhose. Verlegen stieg Doyle aus der Wäsche und reichte sie ihr. Zusammen mit den Socken kam sie ins Bidet, wo Coco sie mit Seifenpulver und warmem Wasser überschüttete.
»Jetzt hinlegen. Coco macht dich glücklich«, sagte sie.
Nackt kletterte Doyle unter die Decke, setzte sich die Kaffeetasse auf die Brust und versuchte, vorsichtig das Brötchen zu essen, ohne Krümel ins Bett zu streuen. Summend, schrubbend und spülend war Coco im Badezimmer beschäftigt. Aus ihrer Schürzentasche nahm sie schließlich eine kleine Flasche *eau de cologne*, spritzte ein paar Tropfen auf den Waschlappen, befeuchtete ihn noch mit warmem Wasser und setzte sich damit auf die Bettkante, um Doyles geschundenes, staubiges Gesicht abzuwischen.
»Du siehst aus wie ein Mann, mit dessen Kopf man *petanque* gespielt hat«, sagte sie tröstend.
Doyle unternahm einen schwachen Versuch, sich zu wehren. »He, willst du, daß ich rieche wie ein Schwuler? Was ist das denn bloß? Parfum oder sowas?«
Coco küßte ihn auf das Ohr und flüsterte. »Schhh, sei jetzt still und ruhe dich aus. Du hast zuviel Ärger, böser Junge!«
Ihre Hand bewegte sich in schmerzlindernden Kreisen über seine Brust – in Kreisen, die immer größer wurden, bis sie an seinem Nabel und weiter unten angelangt war. Schließlich fühlte sich Doyle warm und wohlig, wie Coco vorausgesagt hatte. Als er eingedöst war, drehte sie das Licht aus. Mit einem raschelnden Geräusch schlüpfte sie aus ihrem leichten Kleid und huschte neben ihn ins Bett.
Als Doyle morgens aufwachte, war sie schon verschwunden. Socken, Unterwäsche und Hemd lagen trocken und gebügelt auf seiner Kommode. Ich frage mich bloß, was sie eigentlich von mir will, dachte er. Was auch immer, jedenfalls bin ich mit ihr besser dran als mit dieser verfluchten Babette. Die hat mich reingelegt, *ohne* mir wenigstens einen Kuß dafür zu geben. Er wischte sich die letzten Reste Rasiercreme aus dem Gesicht, nahm das Wandtelefon ab und ließ sich mit Barthelmy im *Hotel de la Police* verbinden.
»Guten Morgen, Popeye«, sagte Barthelmys Stimme mit einem Anflug von amtlicher Strenge. »Kannst du hierherkommen? Ich habe mit dir zu reden, so bald wie möglich.«
Doyle seufzte verzweifelt. »Ja, muß ich ja wohl.«
»Noch lieber wäre es mir, wenn wir uns in einer Stunde treffen könnten«, korrigierte sich Barthelmy. »Ist das zu früh?«
»Nein.«
»In der Samaritaine. Du weißt doch, wo das ist – auf dem Quai des Belges im Alten Hafen.«

»Ja, ich weiß, gleich bei den Schiffen, richtig?«
»Richtig«, sagte Barthelmy.
»Worum geht's denn, Henry?«
»Ich glaube, es ist besser, wenn wir uns informell unterhalten – zuerst einmal.«
Auf der Terrasse der Samaritaine zu warten, war nicht unangenehm. Araber und Afrikaner boten der vorbeiziehenden Menge ständig ihre selbstgebauten Banjos oder Ukuleles – oder wie immer diese komischen Instrumente hießen –, ihre langen Glasperlenketten, Statuen von Mädchen mit riesigen Brüsten und Ärschen und ähnlichen Kram an. Das Quietschen der Bremsen und der Lärm der Autohupen wurde freundlich untermalt vom rhythmischen Trommeln der Bongos, die von Afrikanern auf der Straße vorgeführt wurden. Von den Straßen des Alten Hafens kam der Geruch des Mittelmeeres – Teer, Salz, Wasser, Knoblauch und gegrillter Fisch.
Auf der anderen Seite des *quai* fiel Doyles Blick auf eine hochgewachsene Figur in einem Tropenanzug, die ihm irgendwie bekannt vorkam. Die Kleidungsstücke hatten einen amerikanischen Schnitt, und jetzt fiel Doyle ein, daß es der junge Rauschgiftbeamte aus dem Konsulat war, der mit dem Spitzbart. Er überlegte, ob der grüne Junge wohl zufällig gerade jetzt hier vorbeikam. Jedenfalls drehte er sich nicht um, sondern marschierte geradewegs auf das Fort St. Jean zu.
Barthelmy verspätete sich, und Doyle bestellte einen *pastis*, um sich die Wartezeit zu vertreiben. Um fünf nach elf hielt dann der schwarze Citroën vor dem Café. Am Steuer saß Miletto, der gleich wieder abfuhr, sobald sein Chef aus dem Wagen gesprungen war.
»Tut mir leid, daß ich zu spät komme«, sagte Barthelmy. »Ich hätte laufen sollen, das wäre schneller gegangen.« Er stellte sich einen Stuhl an den kleinen Marmortisch und gab dem Kellner ein Zeichen. Er bemerkte Doyles Glas.
»Wie ich sehe, übernimmst du wenigstens einige unserer Gewohnheiten, *hein*, Popeye? Vielleicht kommt es ja noch so weit, daß dir Marseille gefällt.«
Doyle verzog das Gesicht zu einer angewiderten Grimasse. »Sehr wahrscheinlich.«
Ein Afrikaner, dessen Gesicht fast so tiefe Narben aufwies wie die seiner Figuren, kam mit einer ganzen Ladung Souvenirs auf sie zu. Aber sobald er Barthelmy sah, ging er schnurstracks weiter.
Schweigend saßen die beiden Männer da, bis der Kellner den *pastis* gebracht hatte und wieder verschwunden war.
»Soso«, seufzte Barthelmy, »du machst uns also wieder Scherereien. Du bist eben ein Cowboy aus dem Wilden Westen,

hein, Popeye? Aber wir sind hier nicht im Wilden Westen. Was sollen wir bloß mit dir machen?«
»Was soll denn das wieder bedeuten?« sagte Popeye. »Was soll ich denn machen? Wenn diese beiden Bastarde mich richtig erwischt hätten, dann wäre ich wohl kaum lebendig aus der Sache herausgekommen. Und dieses Flittchen – nimmst du die nicht wenigstens hoch? In der Bar könntest du sie doch ohne Schwierigkeiten finden.«
»Und wer wäre der Belastungszeuge?« fragte Barthelmy achselzuckend. »*Du*? Wie willst du außerdem beweisen, daß sie die beiden Männer gerufen hat? Nein, das ist hoffnungslos. Du solltest deinen Sexualtrieb auf das Hotel de l'Univers beschränken.«
Neugierig blickte Popeye auf. »Und was soll dieser kleine Scherz bitteschön bedeuten?«
Wieder zuckte Barthelmy die Achseln und lächelte leicht. »Das hier ist meine Stadt, Popeye. Hier passiert selten etwas, wovon ich nichts erfahre. Aber solange es im Rahmen des Gesetzes bleibt, habe ich natürlich nichts dagegen.«
Er knackte eine Pistazie und schnippte die Schale mit dem Zeigefinger in die Gosse. »Der erste Angreifer ist in der Dunkelheit entkommen, und ich glaube, wir werden nicht allzu intensiv nach ihm suchen. Der zweite Mann ist nicht besonders schwer verletzt. Wir halten ihn fest, bis wir beschlossen haben, was wir mit ihm anfangen sollen. Wenn du etwas fürs Bett brauchtest, warum hast du mich nicht gefragt oder bist zuhause geblieben?«
Jetzt explodierte Popeye: »Hör' mir mal gut zu, du gottverdammter Hurensohn! Mir ging's nicht um irgendein Bett, aber diese kleine Nutte hat mir erzählt, sie wüßte, wo Charnier sich aufhält.«
»Und du hast ihr geglaubt?«
»Ich habe wenigstens nach ihm *gesucht*, während ihr verdammten Schlappschwänze immer nur herumsitzt und den Finger in den Arsch steckt!«
»Popeye, ich bin sicher, daß du in New York niemals auf dieses älteste Spiel der Welt hereingefallen wärest. Woher zum Teufel hätte sie wissen können, wer der Mann ist, wenn sie nichts weiter von ihm wußte als die Tatsache, daß er Franzose ist und einen Bart trägt?«
Barthelmys Gesicht wurde weicher. »Popeye, du weißt doch ganz genau, daß du deine Zeit verschwendest, stimmt's? Verstehst du das denn nicht? Du wirst doch einfach ausgelegt wie...« Bevor Barthelmy den Satz beendete, biß er sich auf die Lippen.
Aufmerksam sah ihn Doyle an. »Was willst du damit sagen?«
»Nichts. Ich meinte nur, daß deine Vorgesetzten sich freuen würden, wenn du versagst.«

»Woher willst du das denn wissen? Du kennst sie doch überhaupt nicht.«
»Aber ich kenne die Arbeit der Polizei«, sagte Barthelmy lächelnd. »Und die ist überall gleich. Versteh' mich doch richtig, Popeye, ich empfinde keinen Haß gegen dich. In mancher Hinsicht bewundere ich dich sogar. Deshalb schlage ich dir sehr entschieden vor, zurückzufliegen. Die Schießerei letzte Nacht wäre ein ausreichender Grund.«
»Ich soll also das Land verlassen, weil deine Landsleute mir auflauern?«
»Nein, weil du eine Pistole hattest und damit einen Bürger verwundet hast.«
Barthelmy drehte sich um, weil er noch zwei *pastis* bestellen wollte. Da kam ein Mädchen in einem eleganten Sommerkleid und einem breiten Sonnenhut winkend auf sie zu.
»Ah, Monique, viens, chérie«, sagte Barthelmy zu ihr. Er stand auf, und widerwillig hob sich auch Doyle von seinem Platz.
»Popeye«, sagte Barthelmy mit vollendeten Umgangsformen, »darf ich dir Mademoiselle Le Fevre vorstellen ... *Monique, je te présente detective Doyle de New York.«*
Mit strahlendem Lächeln hielt das Mädchen ihm die Hand hin.
»Enchantée«, sagte sie, während Barthelmy ihr einen Stuhl heranholte.
Anerkennend sah Doyle sie an. »Tja, Henry, ich habe mich immer gefragt, warum Charnier so verrückt nach dieser Stadt ist, aber ich glaube, jetzt verstehe ich ihn.« Seine Augen nahmen genau Maß.
»Ah, m'sieur Doyle«, sagte Barthelmy lächelnd, »wie ich sehe, haben Sie sich ja schon etwas vom Rost der Alten Welt zugelegt. Aber bevor wir mit allgemeinem Plaudern beginnen, möchte ich dich doch noch einmal daran erinnern, was ich gerade zu dir gesagt hatte, bevor Monique zu uns gestoßen ist.«
»Richtig, du willst, daß ich mich nach New York absetze. Während Charnier wie ein gottverdammter Playboy herumstolziert und du mit traumhaften Frauen essen gehst, soll ich auf Patrouillen in den Vororten die Nägel kauen.«
»Darf ich dir ein Taxi zum Flughafen bestellen, Doyle?«
»Nein, ich glaube, ich bleibe hier«, antwortete Doyle.
Der französische Kriminalbeamte hob die Hände. »Wie du willst. Aber jetzt entschuldige uns bitte, wir sind zum Essen verabredet.«
Er stand auf, warf ein paar Geldscheine auf den Tisch und bot dem Mädchen seinen Arm. Doyle schäumte vor unterdrückter Wut.
»Ich bleibe hier, Henry! Und deine beiden Spürnasen solltest du

übrigens entlassen. Die könnten ja nicht einmal einem rothaarigen Zwerg auf einem Kamel auf den Fersen bleiben. Wer ist eigentlich der große Kerl mit den Locken? Dein Schwager?«
Barthelmys Augen verengten sich. »Hör mir mal zu, Doyle ...«
Aber Doyle unterbrach ihn. »Jetzt hörst du erst einmal *mir* zu, Jungchen. Ich bin hier, um diesen verfluchten Charnier zu finden, und ich werde ihm auch noch den Arsch aufreißen. Aber ich könnte viel besser arbeiten, wenn Pat und Patachon mir nicht dauernd über die Füße liefen. Setz die beiden als Schülerlotsen oder als Nachtwächter ein!« Doyle zeigte auf die andere Straßenseite, wo das Paar herumlungerte, ohne sich besonders um Heimlichkeit zu bemühen.
»Auf diese Weise werden sie am Ende noch von einem Fahrrad überfahren. Wenn die auf dem Posten gewesen wären, hätte mir diese Scheiße gestern abend nicht passieren müssen. Andererseits hätten sie sich wohl wehtun können, wenn sie zu früh gekommen wären, und damit möchte ich natürlich nicht mein Gewissen belasten.«
»C'est un drôle de type«, sagte das Mädchen und sah ihm nach.
Doyle warf noch einen Schein auf den Tisch, obwohl Barthelmy längst alles bezahlt hatte, und stampfte davon.
»Oui«, sagte Barthelmy, *»mais il peut lui arriver quelque chose pas si drôle que ça!«*

18

Doyle ging zurück zum Hotel, und das anstrengende Eiltempo dieses Marschs kühlte seine Wut etwas ab. Der Concierge hatte eine Nachricht für ihn, er solle das Konsulat anrufen. John Hyde, der junge Mann mit dem Spitzbart, war am Apparat.
»Hören Sie, Doyle, ich weiß ja nicht, was Sie vorhaben, aber Sie machen einen Riesenzirkus. Ich glaube, die französische Polizei und alle anderen wären nicht wahnsinnig traurig, wenn Sie wieder zu Hause wären. Sie wissen doch, daß Sie hier keinen offiziellen Status haben.«
»Wenn ich Ihren Rat benötige, werde ich Sie darum bitten, Hyde«, bellte Doyle ins Telefon.
»Ihnen ist doch wohl kar, daß Sie uns alle in Schwierigkeiten bringen, wenn Sie Ihre Pistole auf offener Straße abfeuern? Selbst wir dürfen eigentlich keine Waffen führen, aber so bringen Sie uns alle in Verdacht.«
»Was'n los, Hyde, haben Sie Angst, daß ich den Kerl erwische und Ihre Abteilung sich dann blamiert?«

»Vergessen Sie's«, sagte Hyde. »War nur eine freundschaftliche Warnung. Aber vergessen Sie nicht, daß Sie bei weiterem Ärger nicht auf uns zählen können.«

»Danke für nichts«, sagte Doyle und hing auf.

Entmutigt ließ er sich in den schäbigen Sessel in seinem Zimmer fallen und genehmigte sich einen Daniels aus seinem rapide schwindenden Vorrat. Dieser Anruf hatte ihn wieder einmal überzeugt, daß seine Mission hoffnungslos in der Sackgasse steckte. Entmutigt setzte er sich an die Kommode, öffnete eine Schublade und holte sich den Aktenordner, den er aus New York mitgebracht hatte, um vielleicht doch ein paar Hinweise zu finden.

Einige der Telefonnummern, die in Charniers Zimmer lagen, waren vielleicht aus Marseille, aber welchen Zweck hatte es, wenn er dort anrief? Er könnte die Person am anderen Ende der Leitung sowieso nicht identifizieren. Da waren außerdem ein paar Wettscheine, auf denen nichts geschrieben stand, und Doyle wußte eigentlich nicht, warum er die überhaupt aufgehoben hatte. Dann blieben noch eine Streichholzschachtel aus Divonne-les-Bains, ein paar New Yorker Telefonnummern, die er schon ergebnislos nachgeprüft hatte, und einige Kippen von Balkan Sobranie Zigaretten. Wahrscheinlich rauchte dieser Hurensohn Charnier jetzt diese importierten Schwulenzigaretten, während Doyle sich durch noch eine Packung Gauloise Bleu hustete.

Verzweifelt stopfte er die mageren Indizien zurück in den Ordner und legte alles in die Schublade, ohne sich die Mühe zu machen, sie abzuschließen. Er griff nach Hut und Zimmerschlüssel und stand auf. Er wußte nicht, wohin er gehen wollte, aber er hatte das Gefühl, daß er sich bewegen mußte, um nachzudenken. Er überlegte, ob er den 38er mitnehmen sollte, da er sich ohne den Browning vollkommen nackt fühlte, aber unter dem Hemd wäre die Waffe zu leicht zu erkennen, und für die Jacke war es zu heiß. Außerdem konnte er sich nicht vorstellen, daß ihm am hellichten Tag mitten in der Stadt etwas passieren könnte.

Er ging auf das Meer zu und bog in die Corniche John F. Kennedy ein. Hier fühlte er sich eher zu Hause, denn die Häuser waren moderner und die Straßen sauberer. Gedankenverloren marschierte er fast eine halbe Stunde, bis er rechts von der Straße einen eisernen Zaun und dahinter einen kleinen Strand entdeckte. Er beugte sich über den Zaun und steckte sich noch eine Gauloise an. Unten sah er zehn Männer und Frauen in Badehosen und Bikinis, die lachend und jagend Volleyball spielten. Daneben war ein Restaurant mit dem Namen »Calypso«, und über dem Sportplatz stand »*Club* privé«.

Die Mädchen waren tief gebräunt und durchweg gut gebaut. Die

Bikinis waren so knapp, daß sie mehr zeigten als sie versteckten, und wenn die Spielerinnen sich nach dem Ball streckten, war unter den Stoffetzen nie ein weißer Streifen zu sehen. Selbst die Männer trugen nur *le minimum*, winzige Höschen, die kaum ihre Eier bedeckten.

Plötzlich schrien die Spieler auf, als ein Mann den Ball so hoch warf, daß er über den Zaun flog. Gutmütig lief Doyle hinterher und brachte ihn zum Zaun zurück. Ein Mädchen mit langen, blonden Haaren streckte ihm beide Arme entgegen. »Bitte, Sir, den Ball.«

Woher zum Teufel konnte alle Welt wissen, daß er Amerikaner war?

Doyle sah noch eine Viertelstunde zu, dann brach das Spiel ab, die Spieler gingen zurück in die Kabinen. Doyle schlenderte noch ein Stück weiter und kehrte dann um.

Als er auf dem Rückweg wieder an dem Calypso vorbeikam, ging er auf einen Drink hinein. Hier hätte er immer noch eher eine Chance, Charnier zu finden, als in den zwielichtigen Schuppen, die er am Vorabend besucht hatte. Er fühlte sich verschwitzt, und sein Magen litt noch unter den Nachwirkungen seines stark gemischten Alkoholgenusses. Lust hatte er eigentlich nur auf eine große, kalte, würzige Bloody Mary. Das Restaurant war hell und hatte die übliche Pseudo-Hafenspelunke-Atmosphäre. Doyle setzte sich an die großzügige Bar, über der ein riesiger ausgestopfter Haifisch hing.

»Geben Sie mir eine Bloody Mary«, sagte Doyle. Er war sicher, daß der Barmann in einem Luxus-Schuppen wie diesem Englisch sprechen mußte, aber davon konnte keine Rede sein. Der Mann schaute ihn verständnislos an.

»Bloddy Marie?« versuchte Doyle.

Er sah sich nach Hilfe um. Am Telefon in der Ecke entdeckte er ein Mädchen mit sonnengebleichtem Haar und einem großzügig ausgeschnittenen Sommerkleid, das ihm bekannt vorkam. Doyle gab dem Barmann ein Zeichen, er solle warten. Als das Mädchen auflegte, ging er zu ihr.

»Hör mal, Schätzchen, du sprichst doch Englisch, richtig?«

Sie sah ihn mit belustigter Neugier an. »Das ist richtig. Kann ich Ihnen helfen?«

»Und ob«, sagte Doyle und nahm das Mädchen am Arm. »Komm 'mal mit und erkläre diesem Typen, was eine Bloody Mary ist. Du weißt doch, was das ist, richtig?«

Das Mädchen lachte. »Ja, ich weiß, was das ist.«

Sie kletterte auf den Barhocker neben Doyle und erklärte dem Mixer die Zusammensetzung des exotischen Drinks.

»Sag ihm, er soll die scharfe Sauce nicht vergessen«, sagte Doyle,

»soll schön scharf sein.«
»N'oubliez pas le tabasco«, sagte das Mädchen zu dem Barmann.
»Sag' mal«, sagte Doyle jetzt, »willst du nicht auch einen?«
Lächelnd schüttelte das Mädchen den Kopf. Dabei fiel ihr das gebleichte Haar ins Gesicht.
»Nein, aber ich nehme einen Vermouth-Cassis.«
»Klar, was du willst«, sagte Doyle. »Bist du aus Marseille?«
»Nein, aus Paris«, antwortete sie. »Aber jetzt arbeite ich hier.«
»Was für 'ne Arbeit ist das denn?«
Sie lächelte mißbilligend. »Ich arbeite für Avis, Sie wissen doch, die Auto-Leute.«
»Klar, Avis. Du sprichst verdammt gut Englisch, weißt du das?«
»Naja, ich habe lange als Stewardess bei PanAm gearbeitet, und deshalb bin ich oft in New York gewesen.«
»Sag bloß«, fiel ihr Doyle ins Wort. Er war selig, daß er endlich jemanden getroffen hatte, der eine Verbindung zu dem Leben hatte, das jetzt so weit entfernt schien. In einem Wortschwall fragte er sie nach fast jeder Kneipe der Stadt, bis er sich endlich erkundigte: »Wie heißt du eigentlich?«
»Françoise«, sagte das Mädchen. »Françoise Charpentier.«
»Wirklich, bist du denn verwandt mit dem berühmten französischen Boxer George Charpentier?«
Sie lächelte. »Nein, Charpentier ist hier ein sehr häufiger Name. Und wie heißt du?«
»Doyle, man nennt mich aber Popeye.«
»Ach«, sagte sie, »bist du Seemann?«
»Nein, ich bin eine Art Regierungsberater«, sagte Popeye. »Ja, ein Regierungsberater. Für Public Relations.«
Er schlürfte die Bloody Mary. Sie war richtig geworden, Françoise hatte anscheinend tadellose Anweisungen gegeben. Jedenfalls war alles drin: Limone, Worcester, Tabasco, Salz und Pfeffer. Er schob sein Glas zum Nachfüllen herüber.
»Hast du heute etwas vor?« fragte er jetzt direkt. »Vielleicht könnten wir uns ja einen Film ansehen, etwas trinken gehen oder einfach herumlaufen.«
Françoise lächelte wieder. »Ich fürchte, ich habe schon eine Verabredung.«
»Naja, vielleicht können wir uns ein anderes Mal sehen?« schlug Doyle verzweifelt vor.
»Bei Avis kannst du mich immer erreichen.«
»Klar, das mache ich, du hörst von mir«, sprudelte er.
Als sie das Calypso verließ, betrachtete Doyle ihre atemberaubende Figur. Ein Grund mehr, in Marseille zu bleiben, dachte er.

19

Als Doyle sich im Hotel einen Jack Daniels genehmigte, merkte er, daß die kostbare Flasche bis auf ein paar Zentimeter leer war. Bald blieb also nicht einmal mehr dieser Trost.

Bis jetzt hatte er nur herausgefunden, wo er Charnier sicher *nicht* finden würde – weder im Hafen, noch in den halbseidenen Bars des Opéra-Viertels. Das war einfach nicht sein Stil. Ziellos spielte er wieder mit den wenigen Utensilien, die ihm zur Verfügung standen: den Zigarettenkippen, der Streichholzschachtel, dem Wettschein. Einer Freizeitbeschäftigung gingen sie doch fast alle nach – und plötzlich bekamen die Wettscheine und die Streichholzschachtel mit der Aufschrift »Casino« einen Sinn. Die Leute im Drogengeschäft waren durch die Bank Spieler. Er brauchte also nur einen luxuriösen Spielsalon oder ein Casino zu finden. Dort hätte er bestimmt eine Chance jemanden zu finden, der etwas über Charnier wußte, oder vielleicht tauchte Nummer eins ja sogar höchstpersönlich auf.

Er betrachtete noch einmal die Streichholzschachtel. Er hatte keine Ahnung, wo Divonne-les-Bains war, aber sicher lag es außerhalb von Marseille. Die Wettscheine stammten aus New York, halfen ihm also nicht weiter. Und wenn der Spielsalon außerhalb der Stadt lag, wie würde er dann hinkommen? Barthelmy würde ihm mit Sicherheit keinen Wagen überlassen. Wenn er bloß jemanden wüßte, dem er vertrauen konnte, der mit Sicherheit nicht in die ganze Angelegenheit verwickelt war. Coco war nicht schlau genug, außerdem war er gar nicht sicher, wem ihre Loyalität zuerst galt. Er hatte das Gefühl, daß die kleine Hexe eine direkte Verbindung zu Barthelmys Büro unterhielt.

Nachdenklich lehnte sich Doyle zurück und starrte in den Raum. Sein Blick blieb an dem lilafarbenen und blauen Bild von dem Mädchen mit den nackten Brüsten hängen, und plötzlich wußte er, wer ihm helfen konnte. Das Mädchen vom Volleyball-Platz, das er dann im Calypso wiedergetroffen hatte und das bei Avis arbeitete. Es war noch früh am Nachmittag, und sie arbeitete bestimmt noch.

Aufgeregt sprang Popeye auf, steckte die Zigaretten ein, nahm die Jacke vom Stuhl und griff in die rechte Kommodenschublade, in der er den 38er verstaut hatte. Sie war leer.

Er schaute unter das Kopfkissen, die Matratze, in den Koffer. Nichts zu sehen. Natürlich war es möglich, daß jemand das Ding geklemmt hatte. Vielleicht Coco, vielleicht die Putzfrau, aber daran glaubte Doyle nicht. Das hatte garantiert etwas mit Henry Barthelmy zu tun. Wütend lief er zum Wandtelefon und ließ sich mit Barthelmys Büro verbinden.

Nach vielem Läuten, Klicken und französischen Arien bekam er endlich eine englische Stimme. Miletto.
»Inspektor Barthelmy ist im Moment nicht im Büro. Mit wem spreche ich?«
»Hallo, Miletto, ich bin's, Doyle, Popeye. Habt ihr Jungs wohl eine Ahnung, wo mein verdammter Revolver ist?«
»Einen Moment, bitte«, sagte Miletto. Doyle war überzeugt, daß er jetzt mit Henry eine kleine Konferenz abhielt.
Nach einer Minute war Miletto wieder am Apparat. »Deine Pistole ist in Sicherheit. Du bekommst sie zurück, wenn du das Land verläßt. Hast du schon genauere Pläne, wann du fliegst?«
»Du weißt verdammt genau, daß ich bleibe«, sagte Doyle und schmetterte den Hörer auf die Gabel.

Das Taxi zum Flughafen war teuer. 60 Francs, fast der gleiche Preis wie von Manhattan zum Kennedy-Airport. Der Flughafen war modern und wahrscheinlich erst vor ein paar Jahren gebaut worden. Unten im Erdgeschoß des Hauptgebäudes, wo das ganze Gepäck ankam, waren die Büros der Autoverleihfirmen. Und am dritten Schalter sah Popeye Françoise mit einer gutgeschnittenen roten Uniformjacke und einem adretten roten Hut auf ihren langen blonden Haaren.
Sie begrüßte ihn mit einem routinierten Lächeln, erkannte ihn aber zuerst nicht. Dann wurde das Lächeln freundlicher. »Da schau her, der Yankee aus der Public-Relations-Branche. Kann ich behilflich sein?«
»Ja, du kannst mir einen Wagen vermieten«, sagte Doyle, »aber du kannst mir auch ein paar Tips geben. Wohin würde ein Typ hier in der Gegend gehen, wenn er beim Glückspiel richtig viel Geld auf den Kopf hauen wollte? Weißt du, nicht so ein Wettbüro im Hinterzimmer einer Kneipe, sondern ein Laden mit Klasse.«
»Du meinst ein Casino?«
»Richtig, ein Casino.«
»Also, hier in Marseille ist keines. Ein hübsches Casino ist in Aix-en-Provence, etwa 40 Kilometer von hier. Dann steht noch eines in Cassis, das ist gar nicht weit entfernt.«
Sie warf einen Blick auf Doyles knalliges, farbenfrohes Hawaii-Hemd. »Du wirst natürlich eine Krawatte anziehen müssen, und ein anderes Hemd wäre wahrscheinlich auch keine schlechte Idee.«
»Okay, okay«, sagte Popeye. »Ich kann ja was anderes anziehen. Hast du eine Karte? Kannst du mir zeigen, wie ich dorthin komme?«
Françoise nahm eine Landkarte von der Riviera und zeichnete ihm die Route mit einem Filzstift ein.

»Sag mal, hast du heute abend etwas vor? Vielleicht kannst du ja mit mir kommen?« sagte Doyle.
Er hatte die starke Hoffnung, mit diesem Mädchen weiterzukommen. Sie war schlau, sie beherrschte die Sprache, und er war ganz sicher, daß sie weder mit der Polizei, noch mit der anderen Seite etwas zu schaffen hatte.
Françoise warf ihm einen Seitenblick aus ihren sorgfältig geschminkten Augen zu. »Ihr Amerikaner seid ganz schön hartnäkkig, was?«
»Nein, ich bin nicht hartnäckig«, sagte Doyle, »ich mag dich einfach. Seit ich hier bin, habe ich noch kein Mädchen getroffen, das so nett ist wie du.«
»Und wie viele hast du denn getroffen?« fragte sie lachend.
Doyle grinste verlegen. »Naja, ich gebe zu, es waren nicht allzu viele. Aber das ist noch nicht alles. Weißt du, ich brauche dringend Hilfe. Ich wäre sogar bereit, ein bißchen dafür zu bezahlen, wenn du die Mäuse gebrauchen kannst. Ich brauche jemanden, der hier die Sprache und Englisch spricht, um mich etwas herumzusteuern.«
»Hat deine Firma denn keine solche Hilfe für dich bereitgestellt?«
»Nein, ich bin hier ziemlich auf mich selbst gestellt. Aber ich könnte vielleicht 20 Grüne am Tag auf den Tisch des Hauses blättern, und das wäre bestimmt kein Ganztagsjob.«
Das Mädchen zuckte die Achseln. »Vielleicht wäre das ja ganz amüsant. Die Sache mit dem Geld kannst du ja dann später entscheiden, nachdem du ... mich benutzt hast, je nachdem, wieviel es dir wert war.«
»Was ist also mit heute abend? Kannst du mit mir in dieses Casino fahren?«
Sie legte eine Hand auf Doyles behaarte Faust, die auf dem Schalter lag. »Ehrlich, ich bin heute abend schon verabredet.«
Ihre Berührung war warm und trocken. Doyle empfand sie fast wie einen elektrischen Schlag und wurde rot.
Françoise beschrieb gerade einen Zettel, den sie dann Doyle über den Schalter reichte. »Das ist meine Nummer hier im Flughafen, darunter steht meine Privatnummer. Vielleicht können wir uns ja morgen treffen und die ganze Angelegenheit besprechen.«
»Laß uns doch lieber gleich einen festen Termin ausmachen«, schlug Doyle vor. »Bis wann arbeitest du morgen?«
»Bis gegen sechs.«
»Sollen wir uns in der Bar treffen, dem Calypso?«
»Abgemacht«, sagte sie und lächelte ihn vertraut an.
Doyle nahm den Schlüssel zu dem Renault 16, den er von ihr gemietet hatte, und holte den Wagen aus der Garage. Unterwegs

dachte er, daß zwar noch immer kein Licht am Ende des Tunnels zu sehen war, aber das war vielleicht ein Anfang – eventuell auch ein Anfang in vieler Hinsicht.

20

Das Casino war leicht zu finden. Doyle brauchte nur der langen, kurvenreichen Bergstraße zu folgen, die entlang der Küste durch eine karge, unbewaldete Landschaft wieder zum Mittelmeer hinabführte.

Der Hafen wirkte wie eine Westentaschenausführung des *Vieux Port* in Marseille, nur erweckte hier eigentlich jeder den Eindruck, viel Geld zu haben. Am Ende des Hafens stand ein flaches weißes Gebäude, genau wie Françoise es beschrieben hatte: das Casino.

Im Inneren machte es den Eindruck einer ruhigeren Ausführung der Spielhöllen von Las Vegas mit den üblichen Tischen für Baccarat, Chemin de fer und Roulette, Blackjack und Würfel fehlten allerdings. Chips gab es schon für die bescheidene Summe von fünf Francs, und Doyle kaufte sich erst einmal 50 Stück. Er steckte die kleinen Plastikscheiben in die Tasche und schlenderte durch die weiten Räume, in denen die Spieler angespannt und konzentriert an den Tischen saßen. Sie waren gut gekleidet, einige Männer trugen sogar einen Smoking. Doyle hatte das Gefühl, daß er hier einer guten Ahnung gefolgt war. Zum ersten Mal war er sicher, daß Charnier sich in dieser Umgebung aufhalten könnte.

Er schob sich einen Stuhl an den Roulette-Tisch und setzte einen Chip auf schwarz. Er war entschlossen, vorsichtig zu spielen, nur auf die kleinen Chancen zu setzen und die Gewinne einzubehalten. Dieses System hatte er von einem kleinen Buchmacher in Vegas gelernt. Letzten Endes konnte der Spieler gar nicht gewinnen, weil die Bank den Prozentsatz einbehielt, aber wenn die Bank ehrlich war, konnte man mit 50 Dollar lange auskommen.

Auf der anderen Seite des Hafens von Cassis aßen zu dieser Zeit zwei Männer zu abend. Das Restaurant, Les Calanques, hatte im Michelin nie auch nur zwei Sterne bekommen, aber hinter dem etwas zu modischen Dekor verbarg sich einer der hervorragendsten Eßpaläste zwischen Marseille und der Côte d'Azur. General William Ball und Alain Charnier wechselten kein Wort, während sie ihre *soupe de poissons* kosteten. Beide waren sinnenfreudige Menschen, die zwischen Geschäft und Vergnügen zu unterscheiden wußten. Fragend sah Charnier den General an.

»Gut«, sagte Ball. »Ausgezeichnet. Die beste Fischsuppe, die ich je probiert habe.«
Er nahm einen kleinen Schluck *blanc de blancs*. »Der ist auch sehr gut«, sagte er. »Ach übrigens, Alain, deine Gründe, warum du nicht früher liefern kannst, sind allgemein auf Verständnis gestoßen.«
Charnier beugte den Kopf vor und lächelte zufrieden. »Gut«, sagte er. »Es freut mich, daß ihr die Situation weiterhin ebenso einschätzt wie ich.«
Er blickte durch das Fenster und sah einen kurzen Augenblick lang die Umrisse eines amerikanischen Hutes auf einem Mann am Steuer eines Renault 16. Seine Augen verengten sich, während er in seinem Gedächtnis nachforschte, aber der Eindruck war nur flüchtig. Er drehte sich wieder zu seinem Partner um.
»Bill, hat Genf den erforderlichen ersten Schritt unternommen?« fragte er.
Ball lächelte überschwenglich. »Genau wie du es dir gewünscht hast – mit blendender Absicherung gegen Inflation und Kursschwankungen auf dem Devisenmarkt. Einhunderttausend in südafrikanischen Rands, und du weißt ja, wie das Gold im Moment steigt, fünfzigtausend in kanadischen Dollar, die gleiche Summe in Yen, obwohl wir da nicht ganz so sicher sind. Jedenfalls zweihunderttausend insgesamt.«
Charnier nickte, offensichtlich war er zufrieden. Aber plötzlich schweifte sein Blick wieder in die Ferne. Er suchte nach einem Anhaltspunkt, um das Phantom zu identifizieren, das er eben in dem R 16 erblickt hatte. Nach einer Weile wandte er sich aber wieder an den General.
»Du kannst deinen Freunden erzählen, daß die letzte Ladung Basis schon unterwegs ist. Wenn sie hier ankommt, benötigen wir mindestens noch einmal fünf Wochen, um sie zu kochen.«
»Begriffen und einverstanden«, sagte der General.
»Nach dem Essen erwarten wir dich bei uns. Eine kleine Party, weißt du, ganz formlos. Kommst du?«
Ball sah ihn bedauernd an. Er stand auf, nahm einen Kleiderumhang aus Plastik von einem Stuhl und deutete auf die Ausgehuniform eines Generals der US-Army. »Ich würde ja liebend gerne kommen«, sagte Ball, »aber heute abend ist nichts drin. Offizielle Verpflichtungen.«
Er lächelte Charnier an. »Sieht so aus, als wollten deine Leute uns wieder hier haben. Jedenfalls bespreche ich heute Stützpunkte und Zahlen mit meinem NATO-Partner aus Paris. Vielen Dank für die Einladung, Alain. Genf verläßt sich ganz auf dich, das wollten sie nur klarstellen.«
Mit diesem Satz verschwand die Herzlichkeit zwischen beiden.

Charnier war sichtlich unbeeindruckt und zuckte die Achseln. Beherrscht und selbstbewußt lächelte er Ball an. »Natürlich erwarte ich auch einiges von der anderen Seite. Du solltest sichergehen, daß sie das auch wissen.«
Als der General gegangen war, ließ Charnier abräumen und bestellte noch einen Malz-Whisky, einen Glennfiddich, den er zu einer Havanna Upmann schlürfte. Vieles ging ihm durch den Kopf – die Einrichtung des neuen Labors, die Übernahme der Morphiumbasis und die Lösung des Rätsels von dem Mann im Renault. Irgend etwas war mit diesem Hut...
Auf der anderen Seite des Hafens tauschte Doyle seine Chips wieder gegen Bargeld ein. Nach drei Stunden Spiel hatte er immer noch 150 Francs. Er überlegte, ob Françoise wohl gerne spielte. Und ob Barthelmys Spürnasen es geschafft hatten, ihm trotz seines wilden Zickzack-Kurses durch die Innenstadt auf den Fersen zu bleiben.

Am nächsten Abend kam Françoise mit ihm. Sie trug einen langen, weiten Rock mit einer kurzen Bolero-Jacke und darunter eine Art Männerhemd, das sie weit aufgeknöpft hatte. Von ihrer sonnengebräunten Haut war eine Menge zu sehen.
»Oh Baby«, sagte Doyle nur, »du bist wirklich eine Klasse für sich!«
Françoise lächelte, sagte aber nichts, während er ihr in den Wagen half. Unterwegs erklärte sie ihm alle Sehenswürdigkeiten, ihre künstlerische und geschichtliche Bedeutung. So ein Mädchen hatte Doyle noch nicht erlebt, ihre Sprache und ihre Klugheit bewirkten, daß er auch seine eigene Ausdrucksweise und sein gesamtes Verhalten veränderte. Im Casino brachte sie ihm obendrein auch noch Glück – allerdings nicht bei seiner eigentlichen Aufgabe, Charnier zu finden. Immerhin gewann er die hundert Francs, die er am Abend zuvor verloren hatte, zurück und zusätzlich noch einmal hundertfünfzig Francs.
»Du bist mein Glücksklee, Baby«, sagte er zu dem Mädchen, das neben ihm saß, aber selbst nicht spielte. Freudig erregt drückte er ihr Knie, nahm seine Hand aber sofort wieder weg und sah sie verlegen an. »Das tut mir leid«, sagte er. »Ich habe es nicht so gemeint.«
»Dir soll nie etwas leid tun«, sagte Françoise mit einem einfachen Lächeln. »So heißt es doch in euren amerikanischen Filmen, richtig?«
Doyle berichtete Françoise ein wenig über seinen eleganten »Freund« mit dem Bart, den er überall suchte. Er fragte sie, ob es wahrscheinlich sei, daß er im Casino auftauchte. Françoise hielt es für wahrscheinlich.

Auf der Rückfahrt sahen sie in der Ferne die flackernden Lichter der Mittelmeerküste, und Doyle spürte ein sexuelles Verlangen, wie er es noch nie erlebt hatte. Es war nicht auf die Lenden konzentriert, sondern reichte von den Haarwurzeln bis zu den Zehenspitzen. Die ganze Haut war überempfindlich. Ohne sie zu berühren, fühlte er die Ausstrahlung ihrer Körperwärme.

Als sie in die Nähe des Zentrums kamen, überlegte sich Doyle eine Taktik.

»Mußt du gleich nach Hause?« fragte er. »Oder kannst du noch zu... äh... einem Drink Jack Daniels heraufkommen?«

Françoise lächelte. »Bourbon mag ich eigentlich nicht. Vielleicht kann ich aber auch so mitkommen und ein Weilchen bleiben. Allerdings muß ich heute nacht noch weg, denn ich muß sehr früh aufstehen.«

Doyle hoffte, daß Coco nichts bemerken würde, als er am Empfang vorbeiging, seinen Schlüssel nahm und Françoise in den knarrenden Fahrstuhlkäfig geleitete.

Im Zimmer knipste Doyle ein schummeriges Licht an und spurtete umher, sammelte seine abenteuerlich verstreuten Socken und Unterwäscheteile auf und warf sie hastig in den Schrank.

»Schon gut, Popeye«, sagte Françoise. »Ein Männerzimmer muß ein bißchen desorganisiert aussehen. Sonst wäre ich sofort mißtrauisch.«

Sie zog ihre Jacke aus und hing sie sorgfältig über einen Stuhl. Dann setzte sie sich auf die Bettkante und zündete sich eine englische Zigarette an.

»Hast du wohl einen Aschenbecher?« fragte sie.

Hastig wischte Doyle einen mit einem Papiertaschentuch aus und setzte sich damit neben sie. Françoise nahm sein Gesicht zwischen ihre gebräunten Hände und blickte ihm in die Augen. Ihre waren blaugrün mit gelben Tupfen, bemerkte er jetzt, und sie wirkten etwas belustigt.

»Pop-eye, Pop-eye«, sang sie leise vor sich hin. »Popeye der Seemann, Popeye der Public-Relations-Mann...«

21

Am Morgen fand er nur noch einen Zettel. Während Popeye schlief, war sie gegangen. Er las: »Liebling, es war schön, mit dir zusammen zu sein. Ruf mich nächste Woche an.« Der Zettel war mit einem schwungvollen F unterschrieben.

Am nächsten Abend hatte er nicht soviel Glück im Spiel, aber seinen ursprünglichen Einsatz hatte er noch immer nicht aufgebraucht. Und was Charnier betraf, so war sein Glück noch immer gleich Null. Er begann, sich zu fragen, ob dieser Schritt überhaupt richtig war. Jeden Abend am gleichen Ort auf der Lauer. Aber: wenn nicht hier, wo dann? Keiner der anderen Plätze hatte auch nur einen Hoffnungsschimmer verheißen. Barthelmy war er nun seit drei Tagen aus dem Wege gegangen, aber der Inspektor wußte bestimmt von seinen Spürnasen, wo er steckte. Mit den Leuten im Konsulat hatte er auch noch nicht gesprochen; er war nicht mal hingegangen, um seinen Gehaltsscheck abzuholen.

Als der Renault die kurvenreiche Straße von Cassis zur Route Nationale 559 hinauffuhr, bemerkte Doyle einen Wagen hinter seinem. Er versuchte, schneller zu fahren, aber auf dieser Teufelsstrecke, die er noch nicht richtig kannte, war es schwierig, einen Vorsprung herauszuholen. Der Wagen blieb hinter ihm und versuchte gar nicht, ihn zu überholen. Das konnte einer von Barthelmys Schatten sein, dachte Doyle. Außerdem gab es ja nur eine Straße von Cassis nach Marseille, und vielleicht gehörte das Auto einfach jemandem, der – wie er – vom Casino nach Hause fuhr.

Es war schon spät, und der Place des Marseillais lag im Dunkel, als er den Renault gegenüber dem Hotel de l'Univers parkte. Doyle war sicher, daß er den anderen Wagen abgeschüttelt hatte, als er im Zentrum einige Ampeln erst im letzten Moment passierte. Er schloß den R 16 ab und ging über die Straße. Plötzlich kam eine Figur, die anscheinend hinter dem Zeitungsstand gewartet hatte, auf ihn zugesprungen, und eine Faust traf ihn aus der Dunkelheit in den Magen. Von hinten verpaßte ihm eine andere Faust einen Karnickelschlag hinter die Ohren. Eine dritte Figur kam vom Wagen heruntergesprungen und setzte zu einem letzten Angriff auf Doyles bereits schwindendes Bewußtsein an. Mit einem letzten Aufzucken seiner Wahrnehmung griff sich Doyle an die Wade, merkte aber zu spät, daß der Revolver längst verschwunden war.

In der tiefen Nacht, die nur vom entfernten Schein der Straßenbeleuchtung etwas aufgehellt wurde, wirkten die Männer alle schwarz auf ihn. Ein weiterer Schlag beförderte seinen Hut in die Gosse. Er versuchte, den Mann direkt vor ihm zu treffen, schlug daneben und fiel mit dem Gesicht voll auf die Straße. Ein spitzer Fuß traf seinen Brustkasten. Plötzlich war das Geräusch laufender Schritte zu hören, die aus der Toreinfahrt auf der anderen Straßenseite kamen. Das waren der alte Profi und sein lockiger Assistent. Eine vierte Figur trat hinter sie und traf den alten Profi mit einer eingewickelten Bleistange auf den Kopf. Dem Jungen wurde eine Wäscheleine um die Luftröhre geworfen. Drei der Männer boxten Doyle in den schwarzen Wagen. Er kam kurz zu Bewußtsein und stemmte sich mit den Füßen gegen den Türrahmen, aber er hatte keine Chance. Mit einem heftigen Faustschlag in den Magen

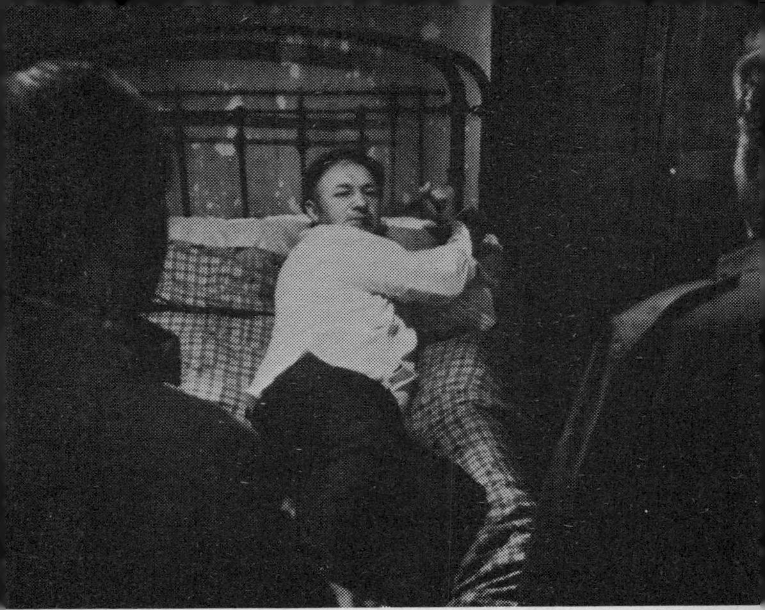

wurde er wieder schlafen geschickt.
Im Wagen täuschte Doyle Bewußtlosigkeit vor. Bei jedem Atemzug spürte er einen stechenden Schmerz in den Rippen, wo ihn der Fuß getroffen hatte. Er legte sich zurück und versuchte, einen klaren Kopf zu bekommen und sich zu merken, wohin ihn die Angreifer brachten, aber er schaffte es einfach nicht.
Der Wagen bog von der Hauptstraße ab und fuhr jetzt über eine enge Straße mit Kopfsteinpflaster. Vor einer zerfallenden, trostlosen Hotelwand kam er dann zum Stehen, aber inzwischen verspürte Doyle eine solche Übelkeit, daß er nichts mehr sehen konnte.
Ein weiterer Karnickelschlag hinter die Ohren erledigte ihn vollends. Er war ohnmächtig, während die drei Figuren ihn über den Bürgersteig und in den Hoteleingang schleppten, aber in einem kurzen wachen Moment registrierte er einen Namen, der vor ihm in die Steinwand gemeißelt war: »Hôtel de Tanger«.
Die Mädchen in der schummerigen Bar neben der Hotelhalle schauten kaum auf, als die drei Männer ihren Gefährten hereinzerrten – sein Gesicht war blutüberlaufen, die Kleidung zerfetzt, der Körper zerschunden. Diese Mädchen wurden für eine ganze Menge Dinge bezahlt, eines davon war die Bereitschaft, *nicht* zu registrieren, wer in dem Hotel ein und aus ging.
In seinem Halbbewußtsein konnte Doyle nichts durch den Nebel sehen, nahm aber entfernt wahr, daß eine Music-Box in voller

Lautstärke eine Platte von Johnny Halliday spielte, »I love you, Baby...«
Einen Fahrstuhl gab es nicht, also wurde Doyle mehrere Stockwerke hochgeschleppt, vorbei an einer halboffenen Tür, hinter der eine Frau in einem Rollstuhl döste, das Heroin-Werkzeug lag unachtsam verstreut neben ihr auf dem Tisch, vorbei an einer anderen Tür, wo eine Nutte einen Fuß auf das Bidet gestellt hatte und sich gedankenverloren mit einem seifigen Schwamm zwischen den Beinen wusch. Am Ende eines langen Korridors fühlte Doyle, daß er in einen unbeleuchteten Raum geworfen wurde. Da war es so tiefschwarz, daß Doyle selbst nach einer halben Stunde auf dem eiskalten Fußboden, der ihm das Bewußtsein zurückgegeben hatte, noch nicht sagen konnte, ob seine Augen offen oder geschlossen waren.
Doyle rappelte sich auf und krabbelte auf seinen geschundenen Knien nach vorne. Der Boden war kalt und glitschig, wie in einem alten Verlies, obwohl er ja wußte, daß er in einer der oberen Etagen des Hotels war. Er war erst ein winziges Stück gekrochen, als sein Kopf eine kalte Wand traf. Die Anstrengung hatte ihm die letzte Kraft geraubt. Er übergab sich und brach zusammen.

22

Er träumte, er wäre wieder ein Baby, das schreit und sich in die Hose macht. Ein großer amerikanischer Adler hatte ihn geraubt und flog mit ihm über eine seltsame Landschaft zu seinem Nest, in dem schon andere Adler hockten. Sie haßten ihn alle, weil er nicht hierher gehörte. Sie hackten auf ihn ein, und wenn er schützend die Hände vor sich hielt, versuchten sie, ihm die Augen auszuhacken. Sie gaben krächzende, gackernde Laute von sich, wie alte Männer, die einen dreckigen Witz erzählen.
Dann wußte er plötzlich, daß er wach war, denn er konnte fast hören, wie seine Augenlider sich öffneten, dabei bröckelte der Schleim ab, der sie bisher geschlossen gehalten hatte. Dicht vor sich sah er ein Gesicht mit einem Adlerschnabel, und wie in einem Reflex spannte Doyle die Armmuskeln an, um in das Adlergesicht zu schlagen, aber seine Arme ließen sich nicht bewegen. Die gefesselten Handgelenke schmerzten, und seine Füße waren auch zusammengebunden. Plötzlich wurde sein Gesicht mit einer heftigen, übelriechenden Dusche gewaschen, und das Gakkern um ihn herum wurde lauter. Jetzt sah er, daß er es nicht mit kleinen Adlern zu tun hatte, sondern mit dunklen Männern, deren Gesichtszüge knochig und entstellt waren. Der Mann mit der

Adlernase kam näher an ihn heran, und Doyle drehte sich vor dem Geruch von Knoblauch und verfaulenden Zähnen zur Seite.
»Du bist wach, Mr. Popeye?« sagte die Stimme. »War die Morgendusche schön? Wir haben alle zusammengelegt, um sie für dich zuzubereiten.«
Die Stimmen hinter ihm pflichteten gackernd bei. Doyle spannte den ganzen Körper an, um den Mann zu treffen, der einen großen, lädierten Nachttopf in der Hand hielt. Mit dem Stuhl, an den er gefesselt war, rutschte er ein paar Zentimeter weiter und gab einen erstickten, tierischen Laut von sich, der Wut und Verzweiflung ausdrückte. Der Mann legte einen Finger an Doyles Augenbraue, und schon konnte der Amerikaner nicht weiter. Jetzt war ihm klar, wie hilflos er war.
»Kannst du mich hören, Mr. Popeye?« sagte die Stimme.
Doyle nickte erschöpft, der Urin stach ihm in seine mitgenommenen Augenlider. Im Mund hatte er einen Geschmack von Blut und Erbrochenem.
»Gebt mir doch Wasser, verdammt noch 'mal!« schrie er.
»Willst du noch ein bißchen mehr?«
Das Gegacker ging wieder los, dann Stimmen auf Französisch. Schließlich wurde ihm etwas lauwarmes Wasser in die Kehle gegossen, den Rest schütteten sie ihm ins Gesicht. Das tat gut.
»Wenn es dir wieder besser geht, Popeye, möchten sich meine Geschäftsfreunde hier liebend gern ein wenig mit dir unterhalten.«
Im Hintergrund bewegten sich schattenartige Figuren und murmelten in einer Sprache, die er nicht verstand.
»Sie hatten so ihre Vorstellungen, wie sie dich zum Reden bringen würden«, sagte die Stimme. »Aber ich habe ihnen gesagt, daß das zwecklos wäre, weil du dann zuerst sterben würdest. Und dann würden wir nie herausbekommen, was wir gerne wissen möchten, nämlich was du über unser kleines Geschäft hier herausgefunden hast, wen du gesehen und identifiziert hast. Wir haben Hochachtung vor dir, Popeye. Deine Aktionen in New York haben uns eine Menge gekostet, viele, viele Millionen, und deshalb respektieren wir dich. Du bist ein guter Cop, und für einen Cop sogar ziemlich ehrlich. Ziemlich blöd, aber ehrlich.«
Doyle strengte seine Augen an, um trotz des blendenden Lichts den Mann, der zu der Stimme gehörte, zu erkennen. Endlich hatte er Kontakt zu einem Vertreter von Nummer eins bekommen, aber dieser Kontakt nützte ihm im Moment nicht sehr viel. Die Stimme war kultiviert und sprach amerikanisches Englisch mit einem ganz leichten französischen Akzent.
»Jetzt haben unsere Geschäftsfreunde uns die Sache überlassen.

Ihnen ist es egal, wie wir die Informationen beschaffen, sie wollen sie nur bekommen. Da haben wir uns etwas Großartiges ausgedacht.«

Eine Stimme im Hintergrund sagte: »*Qu'est-ce qu'il dit?*« »*Il dit, qu'on lui a cuisiné une piqueuse dans la popote.*« Diese Äußerung, die Doyle nicht verstand, wurde mit gackerndem Beifall begrüßt.

Trotz der geschwollenen Nasenflügel bekam Doyle den Geruch eines Streichholzes mit, das gerade angezündet wurde, und dann blitzte in der Hand des Mannes mit der Adlernase etwas auf. Mit einem langen, spitzen Messer kam er auf ihn zu, und Doyle wich zurück. Mit einem Ruck wurde sein Hemd vom Handgelenk bis zur Schulter aufgeschlitzt. Sein vernarbter Arm lag jetzt offen.

»*Jules, Mario, allez-y les gars!*«

Wieder ein metallenes Blitzen, und Doyles Körper versteifte sich vor Panik, als er die Nadel sah. Von hinten wurde ein Arm um ihn gelegt, um ihn festzuhalten, und dann wickelten sie ihm eine Art Gürtel um den Arm, so daß seine Venen stärker hervortraten. Er spürte einen kurzen, stechenden Schmerz und hörte wieder den gackernden Chor.

»Er ist ein Neuling«, sagte jemand. »Du hast ihn entjungfert.«

Allmählich entspannte sich Doyles Körper, das Licht erschien ihm weniger grell, die Stimmen leiser und melodischer. Ihm fiel auf, daß das Licht jetzt Regenbogenfarben und seltsame Muster annahm. In seinem Magen verspürte er jetzt wohlige Wärme, die sich allmählich auf den ganzen Körper ausdehnte. »Gott, das ist ja wirklich seltsam«, sagte er leise und verfiel in einen angenehmen Schlaf.

Die kleine Gruppe, die seine Reaktionen interessiert beobachtet hatte, zog sich zurück. Neben den drei abgewrackten Figuren gehörte auch ein hochgewachsener, gutaussehender, eleganter junger Mann dazu, der daran gewöhnt war, einen Mercedes zu fahren. Häufig wurde er auch im Hafen von La Joliette gesehen.

»Wie Sie sehen, Monsieur Jacques, kann er eine Weile nichts sagen.«

Neugierig beobachtete der junge Mann den schlafenden Amerikaner.

»Und du glaubst, *la blanche* hilft?«

Yussif, die Adlernase, zuckte die Achseln. »Nach meinen Erfahrungen hat das Zeug noch immer etwas geholfen, aber da sind Sie ja anderer Meinung, nicht wahr, Monsieur Jacques?«

Der junge Mann, der an diesem Tag einen Blazer von Cardin und einen kamelfarbenen Kaschmirpullover an hatte, blieb gleichgültig. »Jedem Tierchen sein Plaisirchen, aber wir interessieren uns

nicht für Plaisirchen, sondern ausschließlich für Informationen.«
»Aber Sie haben doch selbst gesagt, daß die übliche Tour hier nicht funktionieren würde«, sagte Yussif. »Das ist ein sturer, harter Typ. Außerdem ist es doch ganz amüsant zuzusehen, wie dieser *stupe* aus New York reagiert, wenn er die Freuden von *la poussette* entdeckt.«
Jacques nickte mit offensichtlichem Abscheu und drehte sich um. »In ein paar Tagen wird das ohnehin keine Rolle mehr spielen, aber wir wollen wissen, ob er genügend Informationen gesammelt hat, um unser Geschäft zu stören. Wann kannst du den nächsten Versuch machen?«
Nachdenklich betrachtete Yussif die leblose Figur auf dem Stuhl.
»Vielleicht geben wir ihm in drei oder vier Stunden eine kleine *piqueuse.*«
»Du weißt ja, was wir wissen wollen.«
»Oui, monsieur.«
»Dann bring' es in Erfahrung, so oder so.«

23

Doyle streckte sich und gähnte so kräftig, daß es ihm beinahe den Kiefer zerrissen hätte. Er versuchte, seinen steifen Körper aufzurichten und sich aufzusetzen, wurde aber von der Handschelle um sein rechtes Handgelenk festgehalten, die ihn an das Eisenbett kettete. Neugierig betrachtete er seinen linken Arm. Die Vene war mit einem halben Dutzend purpurroter Punkte geschmückt, einige davon waren mit Perlen aus getrocknetem Blut geschmückt. Seine Unterhose war fast so grau wie der Betonfußboden. Als er seinen benommenen Kopf anhob, sah er mehrere kleine Haufen, von denen er annahm, es seien seine restlichen Kleider. Eine Küchenschabe kletterte fleißig auf seinem großen Zeh herum. Mit dem Fingernagel schnippte er sie fort. Er war der Küchenschabe nicht böse, aber das hier war *seine* Ecke des Zimmers.
Eine alte Frau in abgetragenen Pantoffeln schlurfte herein und setzte sich neben ihm aufs Bett.
»Ich habe einen Sohn, wissen Sie...« sagte sie, als nähme sie ein früheres Gespräch wieder auf.
Doyle sah sie an. Sie kam ihm bekannt vor. Er kannte sie schon seit einiger Zeit. Zuerst hatte er sie gesehen, als sie an seinem ersten Tag im Rollstuhl döste, aber jetzt kam ihm ihr Gesicht vertrauter vor.

»Er ist ein sehr netter junger Mann«, sagte die alte Dame, »etwa in Ihrem Alter.«
»Das ist gut«, krächzte Doyle.
»Ich bin Engländerin, wissen Sie«, sagte sie und fand das sehr komisch, denn sie gackerte kindisch vor sich hin. »Ich habe Sie auch Englisch sprechen gehört, aber das hat überhaupt keinen Zweck – niemand hört zu.«
Nach einer langen Pause sagte Doyle: »Ihrem Sohn müssen Sie von mir erzählen. *Bitte* erzählen Sie ihm von mir.«
Die Frau schüttelte den Kopf, ihre Augen glitzerten. »Seien Sie doch nicht albern. Niemand hört zu. Ich lebe seit 42 Jahren in Marseille, selbst während des Krieges. Mein Mann war Franzose, aber er hörte auch nicht zu. Mein Sohn ist auch weg. In Marseille hört niemand zu.«
Mit der Handfläche rieb sie sich den dünnen Arm unter einem ausgewaschenen Ärmel. Dabei konnte Doyle das von tausend Nadelstichen hart, vernarbt und leblos gewordene Fleisch ihres Arms sehen. Mit Interesse studierte sie seine neuen Nadeleinstiche.
»Oh, Sie dürfen nicht daran kratzen«, sagte sie. »Sonst entzünden sie sich, und Sie werden krank. Das müssen Sie so machen...«
Sie rieb mit der Handfläche über seine Spuren und linderte so das grauenhafte Jucken, das ihn zu plagen begann. Dankbar sah er sie an, und sie lächelte über ihr gemeinsames Geheimnis.

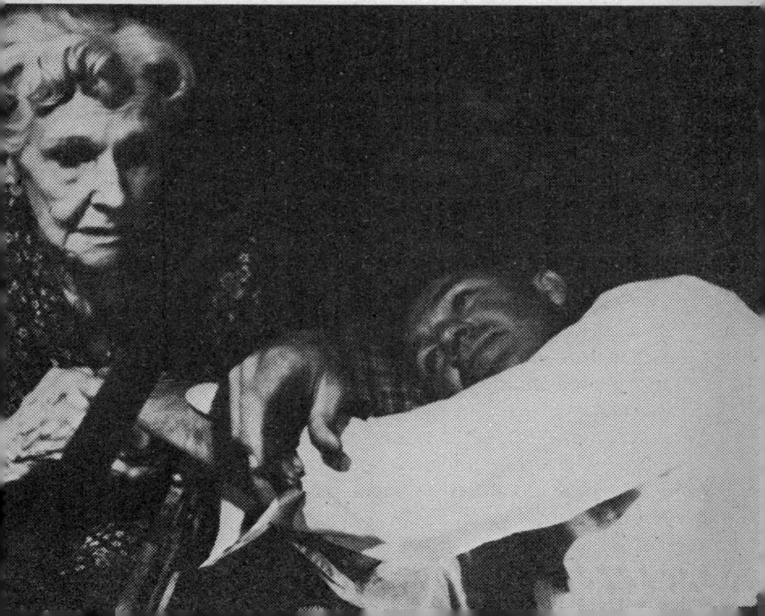

Doyle dachte, daß sie sicher einmal eine sehr nette Dame gewesen war. »Wann kommen Sie mich wieder besuchen?« fragte er.
»Bald, bald«, sagte sie. »Aber schreien Sie nicht nach denen, junger Mann. Niemand hört zu.«
Von unten hörte er wieder Johnny Hallidays Stimme, die jetzt »Yeh, Baby, Yeh« sang. Doyle verlor sich wieder in seine Träumereien. Er dachte an das Revier und seine großen Polizeitriumphe der Vergangenheit.
Die Frau betrachtete ihn eine Weile, dann zog sie ruhig an seinem Armband und nahm ihm die Uhr ab. Doyle beobachtete den Vorgang mit toten Augen, als würde dies mit jemandem anderen geschehen.
»Wissen Sie, ich kann mich nicht mehr erinnern, was die mich eigentlich fragen wollten. Ich weiß noch, daß es interessant war, sehr interessant. Die Leute waren gut zu mir, ich muß wirklich versuchen, ihnen zu helfen«, sagte Doyle.

24

Inspektor Henri Barthelmy verhörte den alten Profi und den Lockenjungen genauso intensiv, wie die Adlernasen im Hotel Doyle auszuhorchen versuchten. Aber die beiden Polizisten waren zu spät am Tatort eingetroffen, um noch irgend etwas zu sehen, außer einem wegfahrenden Auto, einem schwarzen Citroën DS-19. An der Ecke war der Wagen nach Süden eingebogen, aber das konnte alle möglichen Richtungen bedeuten. Allerdings hieß es, daß Doyle – wenn er noch am Leben war – wahrscheinlich in der Stadt festgehalten wurde, nicht in den Bergen im Norden.
Françoise wurde vom Flughafen ins Präsidium gebracht und verhört. Barthelmy zeigte großes Interesse für ihre frühere Tätigkeit als Stewardess bei PanAm. Nach seinen Erfahrungen kannten Stewardessen sich im Drogengeschäft sehr gut aus.
»Sind Sie sicher?« fragte er das Mädchen, das seine langen blonden Haare mit einem roten Band zusammengebunden hatte. »Sind Sie ganz sicher, daß Sie *nichts* über Doyles Beruf wußten?«
»Nichts, das versichere ich Ihnen, Monsieur l'Inspecteur. Wir haben uns vor einer Woche im Volleyballclub beim Calypso kennengelernt. Ich kannte ihn nur oberflächlich.«
Barthelmy überflog einige Notizen, die vor ihm lagen.
»Sie waren in Cassis mit ihm, im Casino?«
Überrascht sah sie ihn an. »Ja. Warum?«
»Ich bin bloß neugierig«, sagte Barthelmy. »Und Sie sind eine Nacht bei ihm im Hotel de l'Univers geblieben?«

»Das ist meine Privatangelegenheit«, sagte das Mädchen.
»Aber Sie waren dort?«
Françoise nickte. Sie empfand keine Scham wegen ihrer Nacht mit Doyle, aber sie war verletzt, daß der Inspektor sich auf diese Weise mit ihrer Privatsphäre beschäftigte.
»Haben Sie ihn geliebt?«
Sie zuckte die Achseln. »Ich kannte ihn doch kaum.«
»Trotzdem sind Sie bei ihm geblieben.«
Sarkastisch sah das Mädchen den Polizisten an. »Also wirklich, Inspektor...«
»Haben Sie eine Ahnung, was mit ihm passiert ist?«
Das Mädchen schüttelte den Kopf. »Ich weiß nur, daß er wahrscheinlich noch einmal ins Casino gefahren ist, das hatte er jedenfalls angedeutet. Er suchte jemanden, der einen weißen Bart hatte, einen Franzosen mit viel Geld.«
»Ja, das wissen wir«, sagte Barthelmy trocken. »Und hat er ihn gefunden?«
»Nicht daß ich wüßte.«
Barthelmy stand auf und verbeugte sich. »Sie waren sehr freundlich, Mademoiselle. Ich hoffe, wir haben Sie nicht gestört, aber Sie haben sicher Verständnis. Bleiben Sie bitte in Marseille, falls wir weitere Fragen haben sollten.«
Zum ersten Mal gab Françoise ihre Selbstbeherrschung auf. »Glauben Sie, daß er umgebracht wurde?«
Verzweifelt schüttelte Barthelmy den Kopf. »Ich habe keine Ahnung, außer daß wir keine Spur von ihm gefunden haben.«

Miletto und Diron leiteten ein Team, das jeden Platz nachprüfte, von dem sie wußten, daß Doyle ihn besucht hatte. Die *tabacs*, den Perroquet bleu, das Calypso, Babette, die anderen Animiermädchen, Coco im Hotel. Sie gingen so weit, Babette wegen Verschwörung zu dem Raubüberfall festzuhalten, in der Hoffnung, sie könnte ihnen etwas erzählen.
Barthelmy war frustriert, denn er wußte genau, daß Doyle wenig Grund hatte, Vertrauen zum französischen *Bureau des Stupéfiants* oder zur New Yorker Polizei zu empfinden. Aber jetzt spürte er eine starke Loyalität und Kameraderie gegenüber diesem Mann, der die gleiche gefährliche Arbeit erledigte wie er selbst. Er *mußte* Popeye finden.

Im Hotel schlurfte die alte Frau mit einem Tablett in Doyles Zimmer. Darauf lag ein Satz Handwerkszeug – der gebogene Löffel, das Gummiband, der kleine Pergamin-Umschlag, eine Schachtel Streichhölzer und natürlich die Nadel. Außerdem lag

da ein Rasierpinsel. Doyle hörte, wie sie die Türe hinter sich zuschloß.
»Guten Morgen«, sagte die alte Frau.
Er sah sie aus seinem verkommenen Gesicht an. Die Augen lagen tief eingebettet, kräftiger Bartwuchs verdeckte seinen Kiefer. Die Frau behandelte ihn wie eine freundliche Krankenschwester. Diese Prozedur war offensichtlich eine Routine, an die beide sich gewöhnt hatten.
»Guten Morgen«, sagte auch Doyle. Er griff nach dem Handwerkszeug und die Zeremonie begann. Während die Frau das Rasierzeug vorbereitete, kochte er sich sein eigenes Heroin. Aus einer Ledermappe holte sie ein langes Rasiermesser und legte es auf die Heizung.
»Sie benötigen wirklich eine Rasur, junger Mann«, sagte sie.
Aber Doyle hörte gar nicht zu. Er starrte gebannt auf die Flamme und die schmelzenden Heroinperlen in dem Löffel. Sanft und glücklich schob er die Nadel in eine schöne Stelle, die er zwischen zwei früheren Einstichen gefunden hatte. Dann lehnte er sich auf die Decke der US-Army zurück, atmete tief ein und nickte erleichtert.
»Oh mein Herr Jesus«, sagte er.

Doyle wachte wieder einmal aus einem berauschten Schlaf auf. Sein Arm war nicht mehr an das Bett gefesselt, und er rollte auf den Fußboden herunter. Er lag flach auf dem Bauch, und seine Augen konzentrierten sich ganz auf den kleinen Lichtschimmer unter der Tür. Unter enormer Anstrengung kroch er zur Wand, zog sich hoch und probierte die Türe. Zu seiner Überraschung ging sie auf. Einen Moment lang blieb er stehen, er hatte Angst vor der Weite des Korridors, der am anderen Ende von einer schwachen Birne erleuchtet wurde. Verträumt lehnte sich Doyle gegen die Wand und starrte wie ein verängstigtes Tier auf die Lampe. Dann bewegte er sich auf das Licht zu.
Hinter der Lampe sah er eine Treppe. Er hielt sich am Geländer fest und stolperte langsam abwärts, bis er zu einem anderen dunklen Korridor kam, der zu einer Tür am anderen Ende führte. Doyle spürte die fröstelnde Panik des Junkie: wenn du eine falsche Bewegung machst, wirst du bestraft und bekommst deinen Schuß nicht. Sein Stolz kämpfte mit seinem Verlangen, und er tastete sich vorwärts. Langsam öffnete er die Tür. Zigaretten und eine Zigarre glühten in der Düsternis des Zimmers.
Doyle trat ein und fuhr sich mit der Zunge über seine trockenen Lippen. Die Männer beachteten ihn nicht. Als er näher kam, flackerte plötzlich ein bläuliches Licht auf, eine Neonlampe an der Decke. Jacques saß schweigend da und zog an seiner Up-

mann. Yussif, Jules und Mario saßen am Tisch, auf dem Karten, eine Flasche Wein und Gläser zu erkennen waren. Vor Jacques stand nichts. Anscheinend fragte er die drei Männer aus und gab ihnen weitere Instruktionen, was sie von Doyle erfahren mußten.
Jacques sah Doyle an, als wäre er der Familienhund, der sich seine Essensreste abholt. Wortlos streckte Doyle seinen Arm vor. Jacques wandte sich an Yussif und hob eine Augenbraue, als wollte er fragen: sollen wir den Hund füttern? Yussif lachte bösartig.
Doyle richtete sich auf, so gut er konnte, stützte sich gegen die Mauer und nahm seine ganze Kraft zusammen.
»Hör mal«, sagte er zu Jacques, »du mußt mir einfach glauben. Ich bin alleine hierher gekommen, um Charnier zu suchen. Ich war der einzige, der ihn in New York gesehen hat, aber hier habe ich nicht einmal einen gottverdammten Hinweis gefunden. Glaub' mir, das ist eben nicht meine Stadt, ich kann ja nicht einmal einen beschissenen Drink bestellen.« Er fuhr sich mit dem Vorderarm über den geschwollenen Mund. Das Verlangen war übermächtig geworden, aber er bekämpfte seine Versuchung zu betteln.
Jacques sah ihn kühl an. Er nickte in Yussifs Richtung. Der stand auf, ging zur Kommode und nahm das Werkzeug. Hungrig blieben Doyles Augen an der Ausrüstung in Yussifs Hand hängen.
»Weißt du«, sagte Jacques, »ich glaube dir. Jetzt glaube ich dir wirklich.« Er wandte sich an Yussif. »Ich glaube nicht, daß wir noch irgend etwas von ihm brauchen. Macht, was ihr wollt. Ihr bekommt euer Geld, wenn die Angelegenheit erledigt ist.«
Yussif nickte und legte das Werkzeug zurück.
»He!« rief Doyle gequält. »Wirst du mir denn keinen schießen?«
Yussif schaute ihn voller Verachtung an. »Du hast doch gehört, was er sagt. Wir werden doch nicht den guten *jules* an einen ausgeflippten *flic* verschwenden!«
Er nahm einen Gummiknüppel von der Kommode. »Jetzt geh ganz schnell zurück in dein Zimmer, oder du bekommst einen Schuß von diesem hier!« Er schlug mit dem Knüppel kräftig gegen seine Handfläche.
»Das kannst du doch nicht mit mir machen!«
»Keine Angst«, sagte Yussif, »wir kümmern uns sehr bald um dich.«
Verzweifelt kehrte Doyle in die dunkle Zelle im oberen Stockwerk zurück. Das Verlangen trieb ihm das Fieber in den Kopf, aber er hatte den Sinn dieser kleinen Konferenz verstanden. Er erinnerte sich nicht mehr, was er ihnen erzählt hatte, aber jeden-

falls brauchten sie ihn nicht mehr. Was hatte er ihnen bloß erzählt? Er wußte nichts – das war es natürlich, was sie unbedingt wissen wollten.
Er selbst hatte auch etwas herausgefunden. Ohne Zweifel würde eine überdimensionale Ladung Marseille verlassen, und zwar in nicht allzu ferner Zukunft.
Alles paßte zusammen. Die Größe des Labors in der Rue Galice, wo eine größere Sendung vorbereitet worden war. Die Entführung und das gründliche Verhör – das alles hätten sie nicht riskiert, wenn es nicht um eine große Sache gegangen wäre, die gerade vorbereitet wurde. Aber was soll's? Er war jetzt ein nutzloser Uhu.
Aber Popeye Doyle – Detective First Grade Popeye Doyle – brauchte nur ein Problem zu lösen, wenn er das große Los gewinnen wollte, und er hatte noch nicht verloren. Im Gegenteil: er hatte da eine Idee.

25

Auf dem Weg in seine Zelle kam Doyle an der Tür der alten Dame vorbei, und er bemerkte einen deutlichen Lichtspalt, auf den er zutaumelte.
»Ich muß mit dir sprechen, alte Dame, laß mich rein!«
Sie lächelte. »Ich kann Ihnen nicht helfen. Die geben mir kein eigenes Zeug.«
»Laß mich rein, verflucht!« sagte Doyle und schob die Tür auf. Im Zimmer begannen seine Augen eine hektische Suche.
»Ich habe Ihnen doch gesagt, daß ich hier nichts habe, mein Schatz. Tut mir leid, daß die Sie trockengelegt haben, aber so sind die immer.«
Aber Doyle suchte nicht nach Heroin. Er sah ein verblaßtes Foto von einem Tommy mit einem Helm aus dem Ersten Weltkrieg und eines von einem jungen Mann in Hochzeitspose, das wahrscheinlich etwa 10 Jahre alt war.
»Hast du hier ein Badezimmer?«
Die Alte deutete auf die Ecke. »Nur das Waschbecken.«
Doyle taumelte in die angegebene Richtung. Auf dem Regal über dem Becken stand ein Steinkrug, Zahnpasta und etwas Hotelseife, daneben hing ein Handtuch, das nie mehr weiß werden würde. Dann entdeckte er, was er suchte: die kleine braune Ledermappe mit dem langen Rasiermesser. Er packte es hastig und ließ es sich in die Tasche gleiten.
»Hör mal, meine Süße«, sagte er dann zu der Alten. »Du hast

nichts gesehen, verstehst du? Denn wenn du etwas siehst, dann wirst du ganz schnell eine mausetote alte Dame sein.«
»Nein, ich habe nichts gesehen, mein Schatz«, gackerte die alte Dame. »Ich sehe sowieso nicht mehr sehr gut.«
Vorsichtig linste Doyle erst durch den Türspalt, bevor er rasch aus dem Zimmer der Alten schlich und zurück in sein eigenes Zimmer stolperte, um nachzudenken. Es fiel ihm schwer, sich zu konzentrieren. Der Schmerz in den Därmen, der Schweiß, dieses grauenhafte Verlangen waren einfach zu stark.
Rote Pickel, die juckten und brannten, hatten sich unter seinen Achselhöhlen und allen anderen Schweißstellen seines Körpers gebildet. Zuckungen erschütterten die Muskeln von den Zehen bis zum Oberschenkel, so daß die Beine ständig zitterten. Er zog sich die Hose hoch, die ihm jetzt in der Taille ein paar Nummern zu groß geworden war.
Wenn sie hier oben versuchten, ihn umzulegen, mußte er sich einfach auf das Rasiermesser verlassen und auf eine Fügung des Schicksals hoffen. Aber wenn sie es draußen erledigen wollten, außerhalb dieses widerlichen Puffs, dann hatte er wenigstens eine kleine Chance.
Es würde bestimmt nicht lange dauern, bis sie ihn loswerden wollten, denn er war ja jetzt nutzlos geworden.

26

Doyle schwitzte und krümmte sich wie ein Aal, als sie ihn holen kamen. Yussif und Mario standen im Türrahmen. Sie wußten, daß sie keine Hilfe brauchten, um dieses Wesen, das einmal eine Art Mensch war, zu erledigen.
»Steh auf, Dreck«, sagte Yussif und schlug ihm mit dem Gummiknüppel in die Nieren.
Plötzlich spürte Doyle eine peinliche Wärme an seinem Bein, als sein Schließmuskel versagte und sein Schenkel mit Urin besprüht wurde.
Yussif hielt sich die Nase zu. »Oh Gott, was bist du für ein Schwein! Sieh dir doch mal diesen Stall an, in dem du lebst.«
So stark hatte Doyle das Verlangen noch nie gespürt. Trotzdem wußte er, daß er irgendwo noch Kraftreserven hatte. Er mußte sie haben. Er mußte sich befreien. Aber in dieser Situation war es ein Vorteil für ihn, den Schwächling zu spielen.
»Ich kann nicht aufstehen, Yussif«, flehte er seinen Peiniger an. »Meine ganzen Muskeln sind verkrampft. Gib mir doch wenigstens einen winzigen Schuß!«

»Wo du jetzt hinkommst, brauchst du sowas nicht«, sagte Yussif. »Auf die Füße, *flic*!«
Die beiden Männer packten ihn an den zerstochenen Armen und stellten ihn auf die wackligen Füße. Unsicher schwankte Doyle durch das Zimmer.
»*Filez*, raus jetzt!« sagte Yussif.
Mario brach in albernes Kichern aus. »Schau dir den Kerl an. Er sieht aus wie eine Vogelscheuche. Ich würde ja gerne wissen, was die in New York jetzt von ihm halten würden.«
»Er ist ein Stück Scheiße«, sagte Yussif. Mit einem verachtungsvollen Blick musterte er dann seinen Freund. »Und du bist ein fast genauso wertloses Stück Scheiße, wenn wir dir nicht jeden Tag den Stoff geben.«
Mario blickte ihn verletzt an. »Sag sowas nicht, Yussif. Ich bin kein Stück Scheiße, du weißt doch, daß ich nichts dafür kann. Damals in Vietnam, in Dien Bien Phu, haben wir alle das Zeug genommen. In der Legion wurdest du einfach angepinkelt, wenn du es nicht genommen hast.«
»Heb' dir deine Geschichte für die Märchenstunde auf«, sagte Yussif. »Jetzt wollen wir erst einmal den Job erledigen.«
Mit dem Knüppel stieß er Doyle zur Tür. Popeye mußte sich ungeheuer beherrschen, um nicht gleich zu dem langen Rasiermesser zu greifen. Schwerfällig schlurfte er durch den Korridor, vorbei an der Tür der alten Dame, die durch einen winzigen Spalt die Szene beobachtete. Er fragte sich, ob sie wohl Mitleid mit ihm empfand, ob sie überhaupt noch etwas empfinden konnte.
Sie gingen die kurze Treppe hinunter in das kleine Zimmer, wo Jules Patiencen legte und *pastis* trank.
»Paß gut auf alles auf, Jules. Wir sind bald zurück.«
Jules nickte. Als sie aus der Tür waren, rief er hinter ihnen her: »Braucht ihr noch Hilfe?«
Yussif lachte. »Hilfe? Du machst mir Spaß! Wir brauchen bloß einen, der fährt, und einen für was auch immer, als Babysitter für dieses Stück *merde*.«
Gleichgültig blickten die Huren aus ihren Zimmertüren, an denen sie vorbeikamen. Doyle wußte, daß er ruhig schreien konnte. Nichts würde passieren, die Mädchen würden sich einfach umdrehen. Die meisten von ihnen hingen wahrscheinlich auch an der Nadel, alle zahlten an den großen Boß, alles floß in den selben Kanal.
Steif und zitternd schwankte er an der Bar vorbei, in der die ewige Johnny-Halliday-Platte spielte, hinaus in die Nacht. Der kühle Mittelmeerwind war nicht gerade ein Schuß in den Arm, aber er half. Doyles Sinne waren jetzt wieder etwas geschärft. Seine Nase lief und seine Augen tränten. Er hielt an und bat seine

Bewacher: »Wartet einen Moment, ich muß mir die Nase putzen, sonst falle ich gleich um.«
Yussif seufzte. »Okay, mach schnell, *merde*!«
Doyle griff in seine Hosentasche, wo das verdreckte Taschentuch steckte. Daneben lag das zusammengeklappte Rasiermesser. Kräftig putzte er sich die Nase und steckte das Taschentuch zurück in die Tasche.
Doyle hatte keine Ahnung, wie spät es war. Seit die Alte ihm die Armbanduhr geklaut hatte, besaß er ohnehin kein Zeitgefühl mehr. Aber die Rolladen der Läden waren zu, und fast alle Lichter waren aus. Der Verkehr war ganz ruhig. Doyle wußte nicht, ob Yussif eine Pistole oder ein Messer bei sich hatte. Vielleicht dachte er auch, daß er angesichts von Doyles Zustand keine Waffe brauchte.
Der Citroën stand an der nächsten Ecke und wirkte in der ärmlichen Umgebung etwas fehl am Platze. Yussif öffnete die Türe und stieß Doyle auf den Hintersitz. Mario gab er ein Zeichen, er solle sich ans Steuer setzen. Mario ließ sich in den tiefen Sitz fallen und startete den Motor. Doyle nieste zwanghaft und griff wieder nach dem Taschentuch, das er diesmal lose von seiner Hand herunterhängen ließ, da das zusammengeklappte Rasiermesser darin steckte. Yussif setzte sich neben ihn auf den Hintersitz und griff herüber, um sicherzustellen, daß die Türe verschlossen war. Doyle kauerte sich in die Ecke, so daß er Yussif beobachten konnte und den Rücken zur Tür hatte. Seine rechte Hand mit dem Taschentuch zuckte unkontrollierbar.
Gleichmäßig fuhr der Citroën an und glitt über die Kopfsteinpflasterstraße. Doyle hatte sein Verlangen nach Stoff fast vergessen – den ständigen Ekel, die Schmerzen und das Zucken. Adrenalinstöße halfen ihm. Seine Augen leuchteten vor Erregung, die er durch das Schließen der Lider verbergen mußte. Er kam sich fast wieder wie ein Mensch vor. Wenn möglich, wollte er erst losschlagen, wenn sie irgendwo angekommen waren, wo er rasch Hilfe bekommen konnte. Er mußte den richtigen Moment abpassen. Seine einzige Hoffnung war, daß sie nicht direkt an eine einsame Stelle fahren konnten.
Doyle wollte sich jede Kurve, jeden Straßenblock merken, um zu wissen, wo sie waren, wohin sie fuhren. Aber schwarze Wolken wirbelten in seinem Kopf umher, und er konnte eine Minute nicht mehr von einer Stunde unterscheiden.
An einem bestimmten Punkt spürte er jedoch, daß ihn ein Strom durchfuhr, und sein Bewußtsein war angeknipst wie eine Lampe. Der Wagen fuhr gerade an der Samaritaine vorbei, und plötzlich erkannte Doyle die Straße. Er bekam einen Hustenanfall und nieste heftig. Yussif beobachtete ihn mit Abscheu, dann blickte er zur

Seite, um diesen Anblick nicht ertragen zu müssen. Unter dem Taschentuch konnte Doyle blitzschnell das Rasiermesser aufklappen.
Der Citroën bog in die Cannebière ein, die zu dieser Zeit fast leer war, aber auf der anderen Seite der Place Charles de Gaulle warteten ein paar Taxis. Vorsichtig beugte Doyle sich nach vorne. Und mit einer enormen Kraftreserve, die er irgendwo aus den Tiefen seines Wesens holte, schlug Doyle zu. Die Klinge blitzte durch das dämmerige Licht und glitt über das Adlergesicht des Algeriers. Blut spritzte, als sie die Augäpfel des Mannes durchschnitt. Yussif stieß einen langgezogenen, schrillen Schrei aus, und Mario trat auf die Bremse. Doyle schob den erblindeten Yussif in die Ecke des Wagens und beugte sich im gleichen Moment nach vorne. Dem Fahrer hielt er das Rasiermesser an die Kehle.
»Fahr weiter«, befahl er, während er am Türgriff auf Yussifs Seite hantierte. Der Algerier wimmerte und hielt sich die Hände vor das Gesicht. Doyle stemmte sich gegen die Tür auf seiner Seite und schob Yussif mit beiden Füßen aus der Wagentür, die jetzt weit aufsprang. Der Aufprall war kaum zu hören, als der Mann auf das Pflaster fiel.
Der Wagen hatte jetzt die Nordseite des Platzes erreicht, und Doyle beugte sich wieder nach vorne. Mit einer raschen Bewegung fuhr er Mario mit der scharfen Klinge über den Hals. Der Korse seufzte wie ein schlafendes Kind, und sein Kopf fiel langsam auf das Steuer. Das Blut floß aus seiner durchschnittenen Halsschlagader.
Der Wagen schleuderte wild über die leere Straße und wurde dann langsamer, als Marios lebloser Fuß vom Gaspedal rutschte. Er rutschte mit lautem Krachen in die Schaufenster des Monoprix und kam in einem Wasserfall von Glasscherben zum Stehen.

27

Doyle war einen Augenblick lang von der Heftigkeit des Aufpralls betäubt und lehnte sich kurz gegen die weichen Sitze des Citroën. Dann hörte er laute Rufe und Schritte vom Platz her. Sofort war er wieder wach, stieß die Tür auf und gelangte unbemerkt über die Cannebière in den Dschungel enger Straßen, die zum Meer führten.
Sein rechter Arm fühlte sich feucht an, und er war völlig überrascht, daß sein Hemdsärmel mit dem Blut des Fahrers durchtränkt war. »Zur Hölle mit ihnen«, murmelte Doyle. »Die Schweine haben es ja nicht anders gewollt.«

Sein Kopf fühlte sich leicht an. Kleine phosphoreszierende Bälle in verschiedenen Farben tanzten vor seinen Augen, aber er verspürte im Augenblick keine inneren Krämpfe, nur den Ekel eines Menschen, der kurz vor dem Verhungern steht. Er hörte das Aufheulen der Polizeisirenen, die auf die Unfallstelle zurasten. Jetzt wußte er, daß jemand den Unfall gemeldet hatte.
»Das wird diesen französischen Cops ja einige Rätsel zu knacken geben«, dachte Doyle laut. Ohne zu überlegen, stolperte er auf den Hafen zu und bog dann nach Westen ab, in Richtung Polizeipräsidium.
Irgendwie muß ich da rauskommen ... muß den alten Henry suchen und ihm ins Gesicht pinkeln ... Jetzt werden sie mir ja wohl glauben, daß Charnier hier ist ... Wie hieß dieses Hotel noch einmal? ... Ein echtes Schlangennest ...
Er hatte das Gefühl, er wäre ein trockenes Blatt, das durch die Stadt geweht wurde, immer in die gleiche Richtung. Das Hotel de la Police erschien ihm als ein Stück Heimat, und er war sicher, daß er jetzt zu seinen einzigen wirklichen Freunden zurückkehrte, zu Miletto und Diron, ja auch zu dem verdammten Affenarsch Henry. Aber konnte er ihnen eigentlich trauen? Wer hatte ihn denn verpfiffen? Wer hatte ihm die Falle gestellt? Egal, er konnte ohnehin zu niemandem anderen gehen.
Vor dem Eisentor des Präsidiums stolperte Doyle und fiel auf das Pflaster. Mühsam richtete er sich nach ein paar Sekunden auf und kroch auf allen Vieren blindlings auf das Tor zu.
Diron und Miletto machten gerade eine Zigarettenpause auf der Granittreppe, als sie die Vogelscheuche entdeckten, die auf sie zugekrochen kam. »Schau mal, dieser alte *clochard*«, sagte Miletto. »Der sucht noch mit letzter Kraft das Gefängnis. Wahrscheinlich krabbelt er an den Wachen vorbei, um eine warme Zelle für die Nacht zu finden.«
»Ja, die Nächte werden kühler«, sagte Diron. »Jetzt mögen die alten Strolche wohl nicht mehr auf den Straßen schlafen.«
Aber die ausgemergelte Figur strahlte etwas irgendwie Vertrautes aus. Miletto trat seine Zigarette aus und starrte suchend hinüber. »Mein Gott«, sagte er. »Ich kann es mir nicht vorstellen, aber ich glaube, das ist ...«
Im gleichen Augenblick hatte anscheinend auch Diron etwas bemerkt. Er lief auf das Lumpenbündel zu und faßte ihn am Arm. »Bist du das, Popeye? Bist du es wirklich? Mein Gott, was ist bloß mit dir geschehen? ... Miletto, komm, hilf mir! Das ist Popeye!«
Zu zweit hoben Diron und Miletto die leblose Gestalt auf und trugen sie in das Gebäude zu Barthelmys Büro.
Der Inspektor sah sie kommen und lief ihnen entgegen. Der An-

blick des verbrauchten Gesichts versetzte ihm einen Tiefschlag. »Was ist passiert, Popeye?« fragte er, fast zärtlich. »Mein Gott, wo bist du gewesen?«
Die beiden Detektive schleppten ihn in das Büro ihres Chefs und legten ihn vorsichtig in einen tiefen Sessel.
»Dein Arm ist ja voller Blut, bist du verwundet?« fragte Barthelmy und schob das Hemd hoch. Die zahllosen Nadeleinstiche und die roten Pickel waren ein Anblick, den Barthelmy nur allzu gut kannte. Er wußte sofort, was los war.
»*Merde!*« sagte er. Er riß den anderen Ärmel auf und sah die gleichen Einstiche. Doyle begann jetzt, den Kopf zu bewegen. Fragend sah Miletto den Inspektor an.
Barthelmys Gesichtsausdruck war eine Mischung aus Mitleid und harter Entschlossenheit. Er deutete mit dem Daumen auf den hinteren Teil des Präsidiums. Offenbar hatte er eine Entscheidung getroffen. Die beiden Polizisten schleppten den lallenden amerikanischen Rauschgift-Cop in ein Verhörzimmer mit schallgedämpften Wänden und Türen. An der Wand stand ein Feldbett, das Licht hing oben unter der Decke und war durch Drahtglas geschützt. In der Ecke war ein Waschbecken, daneben standen ein Eisenstuhl und ein Eichentisch, die beide zu schwer waren, um von unzufriedenen Gästen durch das Zimmer geworfen zu werden.
Sie legten Doyle auf das Feldbett. Er fror, seine Beine zuckten in heftigen Krämpfen, sein Gesicht wurde hellgrün.
»Gebt mir ... gebt mir ... gebt mir ...«
»Hol' ein paar Decken«, sagte Barthelmy zu Miletto. »Bring auch Wasser mit, aber in einer Metalltasse, die nicht zerbrechlich ist.«
Er nahm ein paar Zehnfrancscheine aus der Tasche. »Dann spring ins Auto und fahr rüber zum Gare St. Charles. Da ist ein Zeitungsstand geöffnet, der auch Süßigkeiten verkauft. Besorge alle Süßigkeiten, die du dafür bekommst – Schokolade, Bonbons, alles, was es gibt!«
Gekrümmt wie ein Embryo lag Doyle auf dem Feldbett und zitterte vor Kälte. Er hatte jetzt das Gefühl, in Sicherheit zu sein. Aber er brauchte dringend einen Schuß, wenn es auch nur ein kleiner Schuß war.
Als Doyle wieder zu sich kam, lag er auf einem Krankentisch, und man hatte ihm Röhren in die Nase und den Hals gesteckt. Drei Männer in weißen Kitteln bearbeiteten ihn, Barthelmy stand am Fußende und sah zu. Ein Krankenpfleger sagte gerade zu dem Inspektor: »Jetzt gehört er ganz Ihnen.«
»In Ordnung. Und nicht vergessen: Keinen Bericht über diese Geschichte!«
»Selbstverständlich«, sagte der Mann und verließ den Raum zu-

sammen mit dem Inspektor. Miletto blieb bei dem Amerikaner, der schon wieder eingedämmert war.

Doyle hatte keine Ahnung, wieviel Zeit verstrichen war, als er aufwachte. Neben ihm stand der frisch rasierte Barthelmy und betrachtete ihn mit grimmigem Gesicht. Er öffnete eine Coca-Cola und reichte sie Popeye herüber. »Trink«, sagte er nur.
Vorsichtig schaute Doyle ihn an, nahm die Cola mit beiden Händen und trank. Seine Arme zitterten, sein Gesicht verkrampfte sich zu einer Grimasse, und er spuckte die Flüssigkeit sofort wieder aus.
»Das ist ja bitter«, sagte er.
Barthelmy nahm die Flasche, schüttete den Rest in das Glas und warf vier Päckchen Zucker hinterher, die er mit einem Löffel umrührte.
»Hör mal, Henry, ich brauche einen Arzt, einen amerikanischen Arzt.«
»Ärzte müssen Berichte schreiben, Krankenberichte«, sagte Barthelmy. »Willst du das, du Heroin-Faß? Die feuern dich doch sofort aus der Polizei raus!«
Er gab Doyle die zuckersüße Coca-Cola. Der trank gierig, und sein ganzer Körper erzitterte.
»Mehr, Henry, bitte.«
Barthelmy wiederholte das Rezept. Doyle trank, spuckte aber sofort wieder, bekam einen Krampf und ließ das Glas zu Boden fallen.
»Oh heilige Mutter Gottes«, sagte Doyle hilflos. »Kann mir denn niemand helfen?«
Barthelmy steckte den Kopf aus der Tür und rief: »Miletto!«
Miletto trat ein, sein Arm war voller Handtücher und Decken. Die beiden Männer fingen an, die Tücher um Doyles Arme und Beine zu wickeln, so daß er bald in einer improvisierten Zwangsjacke lag.
»Macht doch sowas nicht mit mir, Henry«, sagte Doyle schwach. Sein Körper versteifte sich wieder, als ein Muskelkrampf seine Beine heimsuchte.

28

In dem fensterlosen Raum war eine lange Zeit verstrichen. Doyle konnte beim besten Willen nicht sagen, wie lange. Barthelmy saß auf der anderen Seite der Zelle und sah sehr müde aus. Doyle starrte auf eine Einkaufstüte.

»Es ist kalt«, sagte Doyle. »Henry, es ist verdammt kalt.«
»Ja.«
Barthelmy stand auf und nahm noch eine Decke von dem Haufen in der Ecke, die er dann über Doyle legte. Der versuchte, sich aufzurichten, fiel aber geschwächt wieder nach hinten.
»Mir ist, als hätte ich 'ne volle Woche unter einem Dampfhammer gepennt.«
»Es waren drei Wochen«, sagte Barthelmy.
Plötzlich tauchte eine Erinnerung in Doyles durcheinandergewirbeltem Gehirn auf. Sein Blick wurde wütend.
»Und wo zum Teufel seid ihr Jungs geblieben?«
»Wir haben dich gesucht.«
»Was habt ihr denn in Herrgotts Namen gemacht?«
»52 meiner Leute haben Tag und Nacht nach dir gesucht«, sagte Barthelmy. »Fast ein Drittel meiner Mannschaft.«
»Mit 52 Männern hätte ich einen Typen in New York in drei Stunden gefunden«, schnaubte Doyle.
»Marseille ist nicht New York.«
»Das kannst du aber singen.«
Mit irrem Blick starrte Doyle wieder in den kargen Raum und stützte sich auf einen Ellbogen. »Das ist eine einzige Heroin-Stadt! Am liebsten würde ich sie Stein für Stein abreißen und euch Flaschen in die Fresse schlagen!«
»Sei locker, Junge!«
Der erschöpfte Amerikaner legte sich zurück auf die Matratze und hatte das Gefühl, seine Augäpfel von innen zu betrachten. Plötzlich tauchte ein Bild vor ihm auf, wie ein altes Farbdia. Er sah einen Stein mit einer Inschrift.
Doyle explodierte: »Henry, ich hab's, ich hab's!« Unter wahnsinniger Anstrengung stützte er sich noch einmal auf den Ellbogen.
»Das war das Hotel de Tanger! Da haben die Schweine mich eingesperrt, im Hotel de Tanger. Ich konnte es ganz genau lesen!«
Barthelmy holte sein schwarzes Notizbuch aus der Tasche und schrieb den Namen auf. Dann schrieb er ihn noch auf einen anderen Zettel mit einer kurzen Anweisung, die er dem Beamten an der Tür übergab.
»Sehr gut, vielleicht ist das genau der Hinweis, den wir brauchen«, sagte er zu Doyle.
Die Decke fiel Doyle von den Schultern, als er wieder versuchte, sich aufzurichten, und plötzlich bemerkte er die Stiche in seinem Arm.
»Jesus«, sagte er. »Ich sehe ja aus wie ein Nadelkissen.«
Barthelmys Augen glänzten vor Mitgefühl. Doyle schüttelte sich und zog die Decke über sich.
Er hatte Angst, den Inspektor direkt zu fragen, also schaute er zur

Wand. »Im Ernst, Henry, du wirst es mir doch nicht auf die kalte Tour entziehen?«
Barthelmys Stimme war sanft, aber entschlossen. »Doch, Popeye, genau das werde ich.«
»Oh Gott, Mann«, protestierte Doyle. »Ich, ich kenne das doch. Ich habe mitangesehen, wie sie wild wurden und mit dem Kopf gegen die Wand rannten. Für 'ne Fünfdollartüte Heroin hätten die Kerle doch ihren eigenen Müttern die Kehle durchgeschnitten! Komm, das kannst du doch nicht mit mir machen!«
»Voilà«, sagte Barthelmy. »Ich werde deine Mutter anrufen.«
»Laß meine Mutter aus der Sache heraus!« sagte Doyle.
»Sie wird sehr stolz auf dich sein«, sagte Barthelmy und bearbeitete Doyles tiefsitzendes Selbstmitleid mit harten Geschützen.
»Hör auf«, bettelte Doyle.
»Madame Doyle«, sagte Barthelmy, »darf ich Ihnen Ihren Sohn vorstellen, den großen Helden.«
Sein Arm vollführte eine vollendete Geste in Richtung von Doyles ausgemergeltem, mitleiderregendem Körper. Doyle drehte sich um. Sein Körper zitterte vor Wut, und er richtete sich auf.
»Ich habe dir gesagt, du sollst meine Mutter aus dem Spiel lassen!«
»Habe ich dir eigentlich erzählt, daß ich damals in New York einmal mit ihr geschlafen habe? Ich glaube, das war in diesem schönen Stadtviertel, das in einschlägigen Kreisen Red Hook genannt wird.«
Doyle fiel halb aus dem Bett und stürzte sich wütend auf den Inspektor. Seine umnebelten Augen hatten jetzt ein Ziel, und er versuchte mit aller Kraft, auf Barthelmy einzuschlagen, aber der Franzose trat einen Schritt zurück und hielt den tobenden Amerikaner am Handgelenk fest. Er zwang ihn zurück auf die Matratze, bis Doyle die Arme schlaff herunterhängen ließ und seine Niederlage zugab.
Barthelmys Stimme war wieder ganz sanft. »Gib jetzt nicht auf, Popeye.«
Doyle studierte Barthelmys Gesicht. Jetzt verstand er die Taktik des Franzosen. Seine Augen wanderten zu der Einkaufstüte. »Hast du da Süßigkeiten drin?« fragte er.

Doyle war alleine im Zimmer. Er ließ die Decke fallen und lehnte sich gegen die Wand, seine Augen fixierten den Mittelpunkt der Stahltür. Dann beugte er sich vor wie ein Sprinter und raste mit aller Kraft gegen die Tür. Die bewegte sich nicht einmal, und Doyles Anstrengung wurde nur mit einem stechenden Schmerz belohnt. Den spürte er jedoch kaum und versuchte es noch einmal. Er wußte, daß es zwecklos war. Vor der Türe ließ er

sich auf den Boden fallen und holte sich ein Stück Schokolade aus der Tasche. Gierig verschlang er das süße Zeug, das ein bißchen gegen das Ekelgefühl half.
Er schlief auf der Stelle ein.

Doyle saß gegen die Wand gelehnt auf der Matratze, Barthelmy hatte auf dem bequemen Stuhl, den er sich immer mitbrachte, Platz genommen. Das Notizbuch lag in seinem Schoß.
»Na, habt ihr das Hotel schon hochgenommen? Habt ihr diese gottverdammten Mutterschänder eingelocht?«
Barthelmy schüttelte den Kopf. »Das Ding gibt es überhaupt nicht. Bist du sicher, daß du dich richtig an den Namen erinnerst? War das nicht vielleicht nur eine Halluzination im Drogenrausch?«
Verächtlich sah Doyle seinen französischen Kollegen an. »Ich bilde mir nie etwas ein, Henry. Das war der Name. Hotel de Tanger, ich habe die Schrift doch aus zehn Zentimetern Entfernung gesehen, sie ist mir richtig in den Schädel eingebrannt, verdammt noch einmal.«
»Also, in den Akten ist darüber nichts zu finden.«
»Bist du sicher, daß du da nicht jemanden deckst?«
Jetzt schaute Barthelmy sein Gegenüber vorwurfsvoll an. »Glaubst du das im Ernst?«
Doyle zuckte die Achseln, aber in seinem Blick lag eine Bitte um Verzeihung.
»Popeye, du mußt dich doch an irgend etwas erinnern, an ein Zeichen, einen Geruch oder sonstwas.«
»Hör mal, die hatten mich doch restlos zusammengeschlagen, und Geschäftskarten haben sie leider nicht verteilt.«
»Hast du das Meer gerochen?«
Doyle stand auf und ging im Zimmer auf und ab.
»Ob ich das Meer gerochen habe? Das ist nun wirklich die blödeste Frage, die ich in meinem ganzen Leben gehört habe. Nein, da hat es gerochen wie der Socken eines Pavians.« Er lief in die Ecke und blieb einen Moment stehen. »Habe ich das Meer gerochen? Scheiße!«
Barthelmys Stimme blieb ruhig und geduldig. »Du willst doch Charnier finden. Dann mußt du uns auch erzählen, wo du warst.«
Der Inspektor stand auf, bestrich ein Stück französisches Brot mit Butter und gab es Doyle. »Da, iß«, sagte er.
Doyle biß in die Baguette. Sie schmeckte wie Pflaster.
»Scheiße, wer soll denn das fressen?« sagte Doyle angeekelt. »Ich will einen Hamburger, einen schönen, kurz gebratenen, dicken Hamburger. Ist das klar? Aber das Blut muß noch

rauslaufen! Und Zwiebeln obendrauf und Ketchup und 'n Bier, okay?«
Es klopfte an die Tür. Miletto brachte eine Tasse Wasser.
»Laß bitte zwei – nein, sechs Hamburger für unseren Freund kommen«, sagte Barthelmy zu seinem grauhaarigen Assistenten.
Über Milettos Schulter starrte Doyle auf den Korridor. Barthelmy bemerkte den Blick.
»Das kannst du gleich vergessen«, sagte er. »Du bleibst schön hier.«
»Henry, du mußt mir helfen. Ich brauche einen Arzt, einen gottverdammten amerikanischen Arzt. Der könnte sich doch um mich kümmern.«
»Vergiß das«, sagte Barthelmy. Er klappte sein Notizbuch zu und hob den Stuhl auf, um zu gehen.
»Warte noch Henry, bleib' doch wenigstens, bis das Essen kommt, Henry...«
Barthelmy verschloß die Türe hinter sich. Doyle war alleine. Er stürzte sich wieder auf die unnachgiebige Stahltüre und hämmerte mit den Fäusten dagegen.
»HEEEENNNNRRRRY!« brüllte er. »Komm, Henry, ich weiß doch, daß du etwas Schnee im Büro hast. Ich habe es doch selbst gesehen, Henry, wer würde das denn schon erfahren, Henry? Nur einen Schuß, nur einen ganz kleinen Schuß! Ich flehe dich an, HEEEEEEEENNNNNNNRRRRYYYYY!«

29

An dem schweren Eichentisch saß Barthelmy Doyle gegenüber. Vor ihnen standen zwei halbvolle Gläser und eine Flasche Cognac. Barthelmy nahm das Glas in die Hand und sog den Geruch des kostbaren Getränks tief ein.
»Das ist sehr guter Saft, Popeye, das solltest du zu schätzen wissen.«
Doyle kippte einen guten Schluck und schüttelte sich.
»Zu Hause habe ich das Zeug noch nie getrunken, ist aber nicht schlecht, gar nicht schlecht! Cognac, was?«
»Nur das Allerbeste für unseren liebsten Gast«, sagte Barthelmy.
»Als Kind dachte ich immer, Trinken wäre eine Sünde«, erinnerte sich Doyle. »Wegen der Nonnen, weißt du? Bist du katholisch, Henry?«
»Im Ruhestand«, sagte Barthelmy trocken.

»Das ist gut«, kicherte Doyle. »Bekommst du denn auch eine Rente?«
Doyle griff wieder nach der Flasche und goß sich großzügig ein. Der Cognac war halbleer, und Doyle begann jetzt, die Wirkung zu spüren.

Das Licht, das durch das hohe Fenster des Duschraums fiel, war unerträglich hell. Zwei Polizisten hielten Doyle fest, während das Wasser auf seinen nackten Körper prasselte. Er fühlte sich schwach, aber das Schlimmste war vorbei. Sie hatten ihn rasiert, und jetzt stand der Polizeifriseur nebenan, um ihm die verstruppten Haare zu stutzen. Barthelmy sah ihn zustimmend an.
Später verließen Doyle und Barthelmy das Präsidium. Es war ein heißer Tag, besonders für diese Jahreszeit, aber Doyle trug einen Wollanzug und darunter einen dicken Rollkragenpullover. Die Sonne tat seinen Augen weh, und sein Gesicht hatte in den letzten Wochen die Farbe eines Fischbauchs angenommen. Plötzlich fingen seine Lippen an zu zittern.
»Du schickst mich doch nicht nach Hause, Henry?«
»Noch nicht«, antwortete Barthelmy.
Er führte Popeye zu dem wartenden Citroën, und nach kurzem Zögern stieg der abgemagerte Amerikaner ein. Auf dem Sitz lagen Decken und Handtücher. Mit einem entschuldigenden Blick legte Barthelmy eine Handschelle um Doyles rechtes Handgelenk, das andere Ende wurde um den Türgriff geschlossen.
»Jetzt hör' aber wirklich auf, Henry!« protestierte Doyle.
Barthelmy sagte nichts und deckte Doyle nur mit einigen Tüchern zu, so daß ihm die Schweißperlen auf die Stirn traten. Barthelmy gab ihm ein Handtuch und ließ Miletto anfahren.
»Was zum Teufel hast du mit mir vor?« fragte Doyle.
»Dir war doch kalt«, antwortete Barthelmy. »Also machen wir es dir schön warm. Dabei nehmen wir dich auch gleich auf eine kleine Spazierfahrt durch Marseille mit. Vielleicht siehst du dabei ja etwas, das dich an deinen Aufenthaltsort erinnert.«
Langsam fuhr der Wagen durch die Straßen. Hoffnungslos blickte Doyle um sich.
»Ich sag' euch, ich habe nicht die geringste Ahnung, wo das Loch war. Als ich hingebracht wurde, hatten sie mir so auf die Nuß geklopft, daß ich völlig weggetreten war. Und auf der Rückfahrt war ich doch noch voll auf dem Trip.«
»Irgend etwas«, sagte Barthelmy geduldig, »ein kleines Detail?«
»Nichts, gar nichts«, sagte Doyle rundheraus.
Der Wagen rollte über die Cannebière, vorbei an den Filmen mit strengstem Jugendverbot. Doyle las ein paar Plakate: »Emmanuel-

le« und »Die automatischen Bananen.« An der Ecke stand eine wunderschöne Frau, die an einem Eis leckte. Gierig sah Doyle zu.
»Oh Kinder, sowas möchte ich jetzt haben!«
Barthelmy lächelte. »Eine Frau würde dich jetzt vollkommen fertig machen, Popeye.«
Mit gespieltem Ekel drehte sich Doyle zu ihm um. »Nicht die Frau, das Eis will ich haben.«
Barthelmy ließ Miletto an einem Stand halten und kaufte dem Amerikaner ein kostbares *pralinée*-Eis, das Popeye bei der Stadtrundfahrt schmatzend verschlang. Dann wischte er sich das Kinn mit dem Ärmel ab und stellte endlich die Frage, die ihn schon die ganze Zeit beschäftigte.
»Hör zu, du Arschloch, sag mir die Wahrheit. Ihr habt mich geleimt, stimmt's?«
Der Wagen war bestimmt ein paar hundert Meter gefahren, bevor Barthelmy antwortete: »In gewisser Hinsicht schon.«
»Und wessen Idee war das?« wollte Doyle wissen.
»New York, deine Vorgesetzten. Sie wollten dich als Köder einsetzen, um diesen Charnier hervorzulocken, er sollte richtig auf dich anbeißen.«
»Welche Vorgesetzten?« fragte Doyle begierig. »Namen, ich will die Namen wissen!« Barthelmy blieb stumm.
»Und du hast mitgespielt?«
»Dieser Fall hat hier eine Menge unangenehmen Wirbel gemacht, und wir haben schließlich auch Vorgesetzte.«
Doyle lachte bitter. »Du bis doch ein größeres Arschloch als ich gedacht hatte, Henry.«
»Wieso?« fragte der französische Inspektor.
»Begreifst du das denn nicht? Diese Schweine in New York wollten, daß ich bei der Sache draufgehe. Die wollen diesen Charnier doch nicht finden, ganz bestimmt nicht lebendig. Er könnte doch aller Welt erzählen, wen von ihnen er gekauft hat, um zu entkommen. Also schicken sie mich hierher, um mit dir zusammenzuarbeiten, und dann sagen sie dir, du sollst mich auf die Straße schicken, wo Charnier mich auspusten kann. Schön, wirklich wunderschön!«
Wieder lachte er finster.
»Wieso bist du erst jetzt darauf gekommen?« fragte Barthelmy.
Doyles Stimme wurde noch bitterer. »Weil ich ein noch dümmeres Arschloch bin als du.«

Doyles Zelle, das Verhörzimmer, war etwas wohnlicher geworden. Auf dem Tisch stand eine kleine Blumenvase, und die Türe war manchmal offen, allerdings stand immer eine Wache davor. Stühle standen jetzt immer herum. Doyle malte gerade wieder bärtige Gesichter, als Diron ihm eine Portion heiße Schokolade, *croissants* und die *Herald Tribune* aus Paris brachte.

»*Bon jour*«, sagte der Franzose.

Doyle schaute passiv auf, als Diron ihn zusätzlich mit einer kleinen Verbeugung begrüßte.

»Du bist doch ein richtiger kleiner Arschkriecher, Raoul«, sagte Doyle verbittert. »Ich habe dich schon die ganze Zeit beobachtet. Aber ich kann dir sagen, daß du so nie ein guter Polizist wirst.«

Er brach ein Stück von dem *croissant* ab und tunkte es in die heiße Schokolade.

»Weißt du, Polizist wird man auf der Straße, nicht in irgendwelchen Büros, wo man Formulare ausfüllt und dem Chef in den Arsch kriecht. Als ich drei Monate im Dienst war, hatte ich schon 76 Verhaftungen gemacht. Tagsüber ging ich in die Akademie, und abends wartete ich in der Gegend um den Times Square. Was sich bewegte, wurde verhaftet – Nutten, degenerierte Elemente, Junkies.«

Er schob sich den Rest des *croissant* in den Mund und redete weiter auf den jungen Beamten ein, der immer höflich lächelte, aber wohl kaum irgend etwas verstand, denn sein Englisch war minimal.

»Weißt du, ich war der jüngste Sergeant in der Geschichte der Abteilung«, redete er weiter. »Weißt du, wieviele Leute ich verhaftet habe? Elfhundert. Wieviele Verhaftungen hast du denn schon, Raoul? 25, 50?«

Ein starkes Zittern erschütterte seinen Körper, und Doyle trank die Schokolade aus, als wäre sie Heizöl. »Sechsmal habe ich ein Messer in den Leib gekriegt, zweimal eine Kugel.« Dann hielt er Diron seine Hände zur Besichtigung hin. »Schau, ich habe auch nur noch drei Knöchel. Alle anderen habe ich mir gebrochen, als ich noch glaubte, daß man einem Gangster wehtut, wenn man ihn vor den Kopf haut. Jetzt weiß ich, daß man die Jungs in den Magen treffen muß. Tiefer schießen, Sheriff, der Kerl kriecht...«

Doyle fiel in den Stuhl zurück und war wieder deprimiert. Er hatte keine Lust mehr zu reden, und der junge Polizist stand auf, klopfte ihm auf die Schulter und verschwand. Der Schlüssel drehte sich im Schloß.

Doyle nahm sich einen Bleistift und rekonstruierte noch einmal alle Elemente seiner Gefangennahme, die er noch im Gedächtnis hatte. 1. Das Gebäude hatte mindestens drei Stockwerke. 2. Neben der Hotelhalle war eine Bar. 3. Das ganze Gebäude war voll mit Huren und Junkies; sowas mußte ein Polizist doch finden können. 4. Das Gebäude war alt und feucht. 5. Die Teppiche waren völlig abgenutzt und hatten eine Art orientalisches Muster. Was hatte er sonst noch? 6. Die Music-Box spielte ständig Platten von Johnny Halliday, aber das unterschied sie wahrscheinlich nicht von allen anderen Music-Boxen dieser Stadt. 7. Dort wohnte eine alte Engländerin. Ob sie wohl im britischen Konsulat registriert war? Wohl kaum.
Was war mit dem Trio, das ihn bewacht hatte? 8. Einer von ihnen kam aus Korsika, darüber machten sich die anderen ständig lustig. Das war Mario, aber den gab's nun nicht mehr. Das Adlergesicht war Araber, aber Yussif war auch verstorben. Über Jules gab es nichts Konkretes. Er erinnerte sich an den vierten Typen, der wahrscheinlich der Verbindungsmann zu Charnier war. Der war blond, sah gut aus, trug teure Klamotten und hatte sogar manikürte Finger. Genannt wurde er Monsieur Jacques.

Doyles Zelle war jetzt immer unverschlossen, und er hatte sogar seine alten Kleider wieder, die inzwischen zusammen mit seinen anderen Sachen aus dem Hotel abgeholt worden waren.
Irgend jemand hatte ihm eine billige Armbanduhr geliehen, und es war etwa zwei Uhr morgens, als Doyle aufstand, sich anzog und zu Barthelmys verlassenem Büro hinüberging. Er suchte in seiner Tasche und nahm seinen Schlüsselbund, an dem immer auch eine Sammlung von Dietrichen hing. Er wählte einen aus und öffnete Barthelmys Tür damit ohne Schwierigkeiten. Doyle hatte sich eine kleine Taschenlampe mitgebracht, mit der er jetzt die Schaukästen hinter Barthelmys Schreibtisch untersuchte. Deren Schlösser waren noch leichter zu knacken. Die unteren Regale enthielten ein Rauschgift-Arrangement: kleine Mengen Haschisch, Opium, Heroin und Werkzeug. Doyle betrachtete die Gegenstände und begann zu schwitzen. Sein Gesicht zuckte, und seine Hände untersuchten die oberen Regale mit Beweisstücken, vor allem Waffen.
Plötzlich bemerkte Doyle, daß es um ihn etwas weniger dunkel wurde. Er wirbelte herum, und in der Tür stand Barthelmy, dessen Gestalt von dem Licht der Halle beleuchtet wurde.
Als der Inspektor das Licht anknipste, ging Doyle kurz in die Knie, um etwas zu verstecken. Dann stand er rasch auf, um den Franzosen zu begrüßen. Barthelmy stürzte auf ihn zu, erwischte ihn unter einem Arm, den er ihm im alten Polizeigriff, den

Doyle so häufig bei anderen angewandt hatte, auf den Rücken drehte.
Verzweifelt versuchte Doyle, Barthelmy mit dem Ellbogen in den Magen zu treffen, aber er war nicht schnell genug. Kräftig stieß ihn der Inspektor mit dem Kopf gegen den Schaukasten.
»Du Schwein!« sagte Doyle.
Barthelmy erwischte jetzt auch Doyles andere Hand und legte ihm kurzentschlossen Handschellen an. Er durchsuchte ihn gründlich, warf den Schlüsselbund, Wechselgeld, die Taschenlampe und ein paar Süßigkeiten auf den Schreibtisch. An der Wade fand er die Pistole, die Doyle gerade in ihren alten Halfter gesteckt hatte.
Barthelmy atmete schwer, lächelte aber dann. Er zeigte auf die Pistole. »Ist das *alles,* was du gesucht hast?«
»Klar«, sagte Doyle verbittert.
Barthelmys Blick wanderte von dem amerikanischen Polizisten zu dem Schaukasten und dem Rauschgift. Doyle sah den Blick und machte eine beschämte Grimasse. Traurig sah Barthelmy ihn an.
»Es hat dir Spaß gemacht, stimmt's, Popeye?«
»Quatsch, denkst du, es macht mir Spaß, mir eine Nadel in den Arm zu schießen?«
»Du brauchst dich nicht zu schämen, daß es dir Spaß gemacht hat«, sagte Barthelmy. »So geht es schließlich vielen Leuten.«
»Hau ab, du Idiot«, brüllte Popeye. »Spaß gemacht? Scheiß!«
»Eine Pistole wirst du nicht benötigen«, sagte Barthelmy, steckte die Waffe in eine Schublade mit Kombinationsschloß und nahm dem verbitterten Doyle die Handschellen ab.
»Und was soll ich ohne Revolver machen?« fragte Doyle. »Mich auf deine begabten Spürnasen verlassen? Sollen die mich etwa beschützen?«
Barthelmy nickte entschlossen. »Bleibt dir keine andere Wahl. Wenn ich dich noch einmal mit einer Waffe erwische, kommst du ins Loch.«
Doyle wußte, daß dies keine leere Drohung war. Er erinnerte sich, daß Barthelmy ihm aus einer verdammten Patsche geholfen hatte. Und von daher war ihm klar, daß der Franzose nichts mit der anderen Seite zu tun hatte. Einen Moment lang wurde sein verhärtetes Gesicht fast weich.
»Weißt du, Henry, es hat mir tatsächlich Spaß gemacht.«
Barthelmy sah ihn mit Hochachtung an. So ein Geständnis fiel niemandem leicht.
Doyles Stimme wurde wieder hart. »Ich werde nie vergessen, daß diese Schweine mich dazu gebracht haben, Spaß daran zu haben.«

31

Sobald Doyle wieder in halbwegs normalem Zustand war, zog er wieder ins Hotel de l'Univers. Als erstes rief er Françoise im Flughafen an.

»Bist du das wirklich, Popeye?« fragte sie freudig überrascht. »Mein Gott, was ist dir denn bloß passiert? Die Polizei hat dich überall gesucht und mich stundenlang verhört. Bist du denn gesund und in Ordnung?«

Die Sorge in ihrer Stimme war echt, und Doyle merkte, wie ihm das Blut in den Kopf schoß. So etwas war ihm noch nicht passiert. Zuerst die liebevolle Pflege im Präsidium und jetzt diese ängstliche, süße Stimme – das war mehr Zuneigung als Doyle vertragen konnte.

»Ich muß dich unbedingt sprechen«, sagte er zu Françoise.

»Natürlich«, sagte sie. »Wann können wir uns treffen?«

»Wie wär's nach deiner Arbeit? Kannst du zu mir kommen?«
Françoise war nicht verschämt. »Um sieben kann ich dort sein. Geht das in Ordnung?«
»Großartig äh..., *chérie.*« In seinem Mund klang das Wort seltsam. »Ach, hör mal, was trinkst du denn gerne? Wein, *pastis,* Champagner?«
Françoise lachte. »Mach dir keine Mühe. Ich trinke sehr wenig, vielleicht einen kleinen Schluck Scotch. Das wäre schön.«
»Okay, bis später...«, sagte Doyle, *»chérie«.*
Eine Flasche Scotch kostete 20 Dollar. Im Empfang löste er einen Reisescheck ein. Der Concierge brachte ein Lächeln zustande und baute sogar einen englischen Satz: »Nett, Sie wiederzusehen, Monsieur Doyle.«
Coco, die im Hinterzimmer Rechnungen geschrieben hatte, kam nach vorne.
»Du bist zurück, Popeye, und du rufst mich nicht«, sagte sie schmollend. »Wir haben große Angst um dich! Du siehst furchtbar aus, krank?«
»Ja«, sagte Doyle, »ich war wirklich krank.«
»Coco kommt zu dir, dann wird es besser.«
»Ja, gut, aber nicht heute, Schätzchen«, sagte Doyle verlegen. »Ich habe heute abend geschäftlich zu tun.«
»Okay, du rufst Coco, wenn du sie brauchst.«
»Ja, ich rufe dich an, Süße«, sagte Doyle.
Er fand eine Flasche White Label und bat den Concierge, etwas Eis und ein paar Flaschen Perrier hinaufzuschicken. Coco erledigte die Bestellung und küßte ihn dabei zuerst auf die Wangen, dann voll auf den Mund, und ihre warme Zunge glitt tief in seinen Mund, während ihre Hand sich an seiner Hose zu schaffen machte.
Herrgott, dachte Doyle, immer hat man entweder Fastenzeit oder gleich ein Festmahl.
Sanft drehte er sie um und führte sie zur Tür. »Heute nicht, mein Engel, ich habe zu arbeiten.«
Ihre Augen streiften den Scotch, und Doyle errötete vor Verlegenheit.
»Ich kann es dir nicht erklären, aber es ist wichtig. Detektivarbeit.«
Coco lächelte. »Ja, Coco versteht. Du bist 007.«
»Richtig«, sagte Doyle, »ich bin James Bond, und wir sehen uns später.«
Françoise kam um halb acht und sah aus wie eine goldene Göttin. Sie trug ein frisches gelbes Kleid mit einem tiefen Rückenausschnitt, und sie hatte nur wenig Make-up aufgelegt. Doyle er-

kannte, daß sie viel jünger war, als er zunächst gedacht hatte, höchstens 25.
Als er die Türe öffnete, warf sie sich in seine Arme und hielt ihn ganz fest. Er hatte das Gefühl, daß diese festen jungen Brüste ihm den Brustkorb durchstoßen würden. Dann lehnte sie sich zurück und sah ihm in die Augen.
»Du hast dich verändert, Popeye. Du bist so blaß, und du hast Gewicht verloren, stimmt's?«
Popeye nickte bedrückt.
»Deine Augen – sie sehen seltsam aus. Bist du in Ordnung?«
Popeye zuckte die Achseln, ging zur Kommode und mixte für beide einen Drink.
»Soda?« fragte er und hielt die Flasche Perrier hoch.
»Nein, nein«, sie winkte ab. »Ich nehme meinen einfach on the rocks, wie ihr das nennt.«
Schweigend setzten sie sich nebeneinander aufs Bett. »Cheers«, sagte sie und beobachtete ihn genau über den Rand ihres Glases hinweg.
Popeye legte ihr die Hand hinter den Kopf und küßte sie sehr, sehr zart auf den Mund. Sie sah ihn überrascht an.
»Bist du es wirklich, Popeye? Das ist doch nicht deine Art zu küssen, stimmt's?«
»Du bist einfach so schön, daß ich etwas tun mußte«, sagte er ruhig.
»Was auch immer mit dir passiert sein mag, auf jeden Fall hat es dich wohl sehr verändert«, sagte Françoise nachdenklich. »Willst du es mir erzählen?«
»Ja, ich will es dir unbedingt erzählen«, sagte er. »Später.«
Er begann, die kleinen Knöpfe an ihrem Kleid zu öffnen. Françoise lächelte. »Soll ich dir helfen?«
»Nein«, sagte Popeye. »Ich möchte es gerne ganz alleine aufmachen.«
Françoise legte sich zurück und beobachtete ihn mit einem zärtlichen Lächeln, wie er die lange Knopfreihe bis zum Saum des Kleides öffnete. Darunter trug sie nur ein Bikinihöschen, und ihr Körper war vom Kopf bis zu den Zehen tief gebräunt, ohne ein einziges weißes Fleckchen.
Später lagen sie nebeneinander im Bett und hatten sich die Decke übergezogen, und der Kontrast zwischen ihrer goldbraunen Farbe und seiner Fischbauch-Haut war frappierend. Die Nadeleinstiche waren gut verheilt und waren nur noch für ein geübtes Auge sichtbar. Aber in den Wangen und zwischen den Rippen hatte er noch Höhlen, und der leicht wahnsinnige Blick eines Junkies, der keinen Stoff bekommt, war noch nicht restlos aus seinen Augen gewichen.

Sie hatten sich so lange geliebt, daß das Eis in den Gläsern geschmolzen war. Es war schön gewesen und sehr zärtlich. »Du hast dich wirklich sehr verändert«, sagte Françoise liebevoll. »Und ich finde das sehr schön. Du bist zarter geworden und feinfühliger. Ich weiß ja nicht, welche Krankheit du gehabt hast, aber sie hat wenigstens auch ihre guten Seiten. Andererseits siehst du so aus, als könntest du etwas Ruhe und eine Menge Sonnenschein gut gebrauchen.«

Doyle rauchte schweigend und überlegte einen Augenblick lang. Wenn dieses Mädchen auf ihn angesetzt worden war, dann hatte er jeden Instinkt verloren, dachte er. Er beschloß, das Risiko einzugehen und offen zu ihr zu sein.

»Du weißt doch, daß ich kein Geschäftsmann bin und daß ich mit Public Relations nicht das Geringste zu tun habe, stimmt's?« sagte er.

Françoise zuckte die Achseln. »Nach dem Verhör war mir eigentlich klar, daß es nicht einfach um einen verschwundenen Yankee ging. Und die Leute, die mich verhörten, waren vom *Bureau des Stupéfiants*. Ich bin nicht blöde, und deshalb vermute ich, daß du etwas mit der Rauschgiftabteilung eurer Polizei zu tun hast.«

Popeye nickte zustimmend. »Du hast ein verdammt schlaues Köpfchen.«

»Das war nicht schwer herauszufinden. Inspektor Barthelmy verdächtigt mich sogar, ein *courrier* zu sein, aber ich kann dir versichern, daß das nicht stimmt.«

Den letzten Satz sagte sie mit einem bitteren Unterton, und Popeye sah sie fragend an.

»Wenn du meinen Bruder sehen könntest...« begann Françoise, beendete den Satz aber nicht.

Mitleidig sah er sie an. »Er ist ein Junkie, stimmt's?«

Françoise nickte. »Es ist hoffnungslos, wir haben ihn verloren, und wir werden ihn nie zurückbekommen.«

»Wir haben den französischen Polizisten schon lange klarzumachen versucht, daß sie etwas dagegen unternehmen müssen«, sagte Doyle. »Aber sie scheinen das nicht zu begreifen.«

Erregt fuhr Françoise auf.

»Du gibst ihnen die Schuld? Wer, glaubst du denn, hat hier in Marseille mit dem ganzen Drogengeschäft angefangen?«

»Die Mafia?«

»Ja, die Mafia, aber euer eigener CIA hat ihnen doch die Kontrolle über den Hafen übertragen! Als die CGT, die kommunistische Gewerkschaft, in den 50er Jahren zu mächtig wurde, haben eure Leute die Streikbrecher und Gangster unterstützt, und so konnten die korsischen Syndikate die Macht im Hafen überneh-

men und mit dem Rauschgifthandel anfangen. Vorher gab es den kaum.«
»Bist du da ganz sicher?« fragte Doyle.
»Mir ist es egal, ob du mir glaubst oder nicht, aber wenn du mal etwas nachforschst, wirst du sehen, daß ich die Wahrheit sage.«
Eine lange Pause entstand, während Doyle über ihre Worte nachdachte und an dem inzwischen schalen Whisky nippte.
»Würdest du mir helfen?« fragte er schließlich.
Françoise drehte sich zu ihm um. Ihre Augen waren hart und geschäftlich. »Ich helfe dir so gut ich kann.«
»Okay«, sagte er. »Als erstes bitte ich dich, einen Ort zu finden, der früher einmal Hotel de Tanger hieß. Jetzt heißt er anders, und die Polizisten haben nichts herausgefunden, aber das muß doch zu schaffen sein. Ich erzähle dir alles, was ich weiß, und zusammen werden wir das verdammte Ding doch finden.«

32

Die nächsten Tage vergingen damit, jeden Hinweis, den Doyle zusammenbringen konnte, genau zu verfolgen. Die Anwesenheit von Huren in dem Hotel beschränkte die Suche auf einige wenige Gegenden.
»Ich frage mal ein paar Männer im Flughafen«, sagte Françoise. »Die kennen sich in diesen Fragen aus. Bordelle gibt es natürlich in rauhen Mengen, aber wahrscheinlich werden kaum mehr als 25 deiner Beschreibung entsprechen.«
»Scheiße«, sagte Doyle. »Ich habe manchmal mehr als hundert Adressen abgeklappert, um eine Spur zu verfolgen.«
»Ich glaube, ich werde einen Tag im städtischen Archiv verbringen«, sagte Françoise. »Vielleicht kann ich ja herausbekommen, wo das Hotel de Tanger war, aber vielleicht muß ich die Akten weit zurückverfolgen.«
Doyle zog einen Hundertfrancschein aus der Tasche. »Das wird dir die Beschaffung von Informationen vielleicht etwas erleichtern. In den Staaten funktioniert das jedenfalls.«
Sie lächelte. »Hier funktioniert es auch.«
Am Nachmittag holte Doyle Françoise im *Bureau des archives* ab. Sie saß in dem weiten Lesesaal, in dem kein Wort gesprochen wurde. Vor ihr lag ein ganzer Stapel Bücher. Auf den Händen und im Gesicht hatte sie Staubflecken. Leise schlich sich Doyle an sie heran und küßte sie leicht auf die Stirn.
»Vor 1924 gab es noch keine Telefonbücher«, sagte sie. »Es gab

einfach noch nicht genügend Telefone in der Stadt. Außerdem habe ich herausgefunden, daß viele Hotels nur unter dem Namen der Besitzer geführt wurden, und zum Teil ist das auch heute noch der Fall. Das wird lange dauern.«
»Kann ich dir helfen?« fragte Doyle.
»Ja, du kannst diese Bücher überprüfen, ob du den Namen des Hotels findest oder irgendeinen anderen Namen erkennst.«
Sie legte einen Stapel vor ihn hin, und Doyle holte sich einen Stuhl.

Am dritten Tag triumphierte Françoise: »Hier ist ein Eintrag, der besagt: ›Bordagaray, Colette, Hotel de Tanger‹.«
»Licht am Ende des Tunnels!« jubilierte Doyle.
Der Archivar am vorderen Tisch blickte verärgert nach der Ursache des Lärms.
»Gottverdammt, da ist es ja tatsächlich!«
»Ja«, sagte Françoise. »Aber eine Adresse steht nicht dabei.«
»Scheiße!« Wütend schlug Doyle mit der Faust auf den Tisch.
»Weißt du, ob das ein Bordell war?«
»Eine Kirche war es auf jeden Fall nicht«, sagte Doyle.
»Wenn es ein Bordell war, dann muß man einkalkulieren, daß die Besitzer die Adressen oft geheimhielten.«
»Okay, dann laß uns diese Colette Bordagaray suchen. Vielleicht wird sie ja in einem der Bücher geführt.«
Gemeinsam durchforsteten sie die alten Telefonbücher, mußten aber bald entdecken, daß eine Person dieses Namens seit 1924 kein Telefon angemeldet hatte.
»Hör mal«, sagte Doyle. »Wenn sie Puffmutter war, dann muß es doch eine Akte bei der Polizei geben, stimmt's? Damals waren Hurenhäuser doch noch legal.«
»Das stimmt«, meinte Françoise.
»Laß uns im Präsidium nachsehen.«
»Das könnte klappen«, sagte sie. »Nur wurden während des Krieges keine Akten geführt, jedenfalls nicht von uns.«
»Von wem denn?«
»Von den *boches*.«
»Okay, versuchen wir es mal im Präsidium. Vielleicht kann uns Freund Henry ja weiterhelfen.«
Er reichte dem Archivar eine weitere Hundertfrancnote, die ohne einen Blick entgegengenommen wurde.
Im Hotel de la Police stellte er Françoise Miletto vor, der allein im Büro war.
»Ich glaube, wir sind einander schon begegnet«, sagte Miletto trocken.
»Richtig«, sagte sie. »Und wie geht's mit Ihrer Arbeit?«

»Comme çi, comme ça«, sagte Miletto und nahm einen Schlüssel von der Wand. Über den Korridor führte er sie zu einem verstaubten Archivraum.
»Wenn es das überhaupt gibt, müßte es hier auf diesem Regal zu finden sein.«
Doyle holte ein beliebiges Buch hervor. »Scheiße, das Zeug ist auf Deutsch.«
»Nun ja, die Namen werden ja wohl genauso geschrieben«, sagte Françoise. »Außerdem kann ich Deutsch lesen.«
Wieder teilten sie die Bücher auf. Françoise nahm die Zeit vor 1946, Doyle die Zeit danach. Nach zwei Stunden blickte Françoise mit einem Lächeln auf.
»Ich glaube, ich hab's.«
Doyle kam zu ihr und sah nach. »Ach du lieber Herrgott, die haben ja fünf Adressen unter ihrem Namen registriert. Diese verdammten Deutschen müssen aber auch alles aufschreiben!«
Françoise schrieb die Adressen ab.
Als sie den Schlüssel zurückbrachten, fragte Miletto ohne allzu große Neugier: »Hattet ihr Erfolg?«
Doyle schüttelte den Kopf. »Nein, wir konnten nicht viel finden. Ich sag' dir Bescheid, wenn ich etwas herausbekomme.«
Mit einem Stadtplan von Marseille hakten sie die Adressen ab. Bei der ersten Anschrift entdeckten sie ein riesiges Loch im Boden. Daneben stand ein Schild, das besagte, der Bau der neuen Börse habe sich verzögert, da auf dem Grundstück Überreste römischer Bauten gefunden worden seien.
»Das kann's also nicht sein«, meinte Doyle lakonisch.
Als nächstes fanden sie ein Kaufhaus, das auf dem Grundstück von einem der früheren Häuser der Dame Bordagaray stand. Auch diese Adresse wurde gestrichen.
Die dritte Adresse kannte Françoise. »Das Haus ist im Krieg zerstört worden, und später wurde dort eine Straße gebaut.«
Die Sonne ging schon unter, als sie in der Gegend südlich des Opéra-Viertels auftauchten, in der Nähe des Hauptquartiers der Fremdenlegion in St. Nicolas.
Auf dem Schild stand nicht Hotel de Tanger, sondern Hotel de Niger. Aber Doyle wußte sofort, daß sie richtig waren, als er Johnny Hallidays ewiges »Yeh, yeh, yeh« hörte. Er ging gleich auf Tauchstation und kauerte sich auf den Boden des Wagens, damit die Mädchen auf der Treppe des zwielichtigen Hotels ihn nicht erkennen konnten.
»Fahr weiter«, sagte er zu Françoise.
Sie bog um die Ecke und hielt an. »Ist das der richtige Ort?«
»Ja«, sagte Doyle. Seine Stimme war hart und ausdruckslos. »Bei diesem Scheißhaus sind wir richtig.«

»Sollen wir Inspektor Barthelmy anrufen?«
In Doyles Augen war wieder der halbwahnsinnige Ausdruck zu entdecken. »Geh du ruhig zur Arbeit, Liebling. Jetzt kann ich alleine weitermachen. Ich fahre dich zum Bus, damit zu rechtzeitig zum Flughafen kommst.«
»Ich kann mir noch einen Tag frei nehmen, wenn du willst, wenn du mich brauchst.«
»Ich brauche dich wahnsinnig, Baby«, sagte Doyle, »aber nicht heute abend.«

33

Im Polizeipräsidium war die Reaktion auf die Entdeckung zuerst enthusiastisch. Barthelmy beauftragte Miletto, die Adresse im Grundstücksregister nachzusehen.
Anerkennend lächelte er Doyle zu. »Ich sehe jetzt, daß du wirklich ein guter Detektiv sein kannst, wenn du willst, Popeye. Ich war mir nicht ganz sicher, ob dir eigentlich klar war, daß dazu mehr gehört als Leute zusammenzuschlagen und Pistolen abzufeuern.«
»Du schaust dir zu viele Filme an, Henry«, sagte Doyle säuerlich, aber er war stolz auf seine Entdeckung.
Nach ein paar Minuten kam Miletto mit einer Reihe von Notizen zurück, die er Barthelmy übergab. Barthelmy las den Namen und zuckte zusammen.
»Bist du sicher, daß du mir die richtige Adresse aufgeschrieben hast?« fragte er Doyle.
»Ob ich sicher bin? Darauf kannst du deinen Arsch verwetten, daß ich sicher bin. Das ist ein gottverdammtes Rattennest. Da wohnt aber auch nicht einer, der nicht bis zum Hals drinsteckt. Was dir auch einfällt, dort findest du es – Drogen, Glücksspiel, eine Geschlechtskrankheitenquote von mindestens 90 Prozent.«
Bedauernd schüttelte Barthelmy den Kopf. »Der Besitzer, ein Mann namens Du Verrier, ist sehr einflußreich, wenn du weißt, was ich meine. Er hat sehr enge Beziehungen zum Bürgermeister.«
Doyles Blick wurde starr.
»Er hat auch enge Beziehungen zur SAC, der parallelen Polizei. Weißt du, was das ist?« fragte Barthelmy.
»Du meinst, er ist ein Bulle?«
»Nicht genau. Als de Gaulle von Terroristen bedroht wurde, bildete er eine eigene Gruppe aus harten Männern, die – sagen wir einmal – inoffiziell gegen seine Gegner vorgehen konnten. Einige

davon kamen aus dem *milieu,* das waren echte Gangster. Viele von ihnen hatten das Töten während des Krieges im Untergrund gelernt und konnten später nicht wieder aufhören. Und jetzt haben wir diese Gruppe SAC, die der Regierung und anderen einflußreichen Persönlichkeiten sehr nahe steht.«

»Mit anderen Worten: dir sind die Hände gebunden. Richtig?«

Barthelmy zuckte die Achseln. »Es hätte keinen Zweck, selbst wenn ich etwas unternehmen wollte. Spitzel würden das sofort weitertragen, und man würde mich nicht nur stoppen, sondern auch gleich rausschmeißen. Das ärgert mich mindestens so sehr wie dich, aber dagegen komme ich nicht an... Außerdem glaube ich, daß wir die Männer und die Ladung auch so erwischen können, ohne gegen das Hotel vorzugehen.«

»Ich habe erwartet, daß du sowas sagen würdest, Henry«, antwortete Doyle. Er packte seinen Hut und rannte türenschlagend aus dem Büro.

Doyle ging nach Osten zur Cannebière und dann zum Monoprix, das noch geöffnet war. Er kaufte einen Plastikkanister und verschwand plötzlich durch einen Seiteneingang, so daß er sicher war, jeden Schatten abgehängt zu haben.

Eine halbe Stunde später stand Doyle vor dem Hotel de Niger. Die Music-Box dröhnte in voller Lautstärke, ein paar Nutten lehnten rauchend an der Tür und beobachteten den spärlichen Fußgängerverkehr.

Doyle stand in einer Toreinfahrt auf der anderen Straßenseite und

betrachtete die Szenerie. Ein Blick auf die Uhr zeigte ihm, daß es erst halb zehn war. Er wollte noch mindestens anderthalb Stunden warten. Also setzte er sich in eine Bar und kippte ein paar Biere.
Um elf stand Doyle in einer Telefonzelle. Françoise hatte ihm bei einem ihrer Streifzüge endlich beigebracht, wie man diese öffentlichen Fernsprecher bediente. Sorgfältig wählte er die Nummer. Nach einigen wirren Schreiereien mit der Telefonzentrale des Präsidiums bekam er endlich über die Notleitung Inspektor Barthelmy, der schon zu Hause in seiner kleinen Villa in der Rue Bobilier war.
»Hier ist Doyle. Tut mir leid, daß ich dich aufwecke, aber im Büro konnte ich dich nicht mehr erwischen.«
»Wo bist du, Popeye?« fragte Barthelmy verschlafen.
»Ich bin bei dem Hotel de Niger in der Rue Rappatu, du erinnerst dich doch noch an die Adresse?«
Wie Doyle erwartet hatte, klang Barthelmy sehr besorgt. »Bleibe, wo du bist...«
»Darauf kannst du Gift nehmen, Henry. Wenn du kommst, bring 'ne Menge Wasser mit, wirklich eine Menge!«
Mit einem bösartigen Lachen legte er den Hörer auf und schnitt Barthelmy damit seinen Abschiedsgruß *»Merde!«* ab.
Im Hotel waren inzwischen die meisten Lichter ausgegangen, der Betrieb ging zurück. Doyle schwenkte fröhlich seinen Zehnliterkanister, als er die Treppen hinaufstieg und in die Bar ging. Die meisten Stühle standen schon auf den Tischen.
Er schraubte den Kanister auf. Der Barmann drehte sich um und sah, wie Doyle Benzin auf dem Fußboden verspritzte. Doyle ging an ihm vorbei durch die Vorhänge.
»Ich bin der Kammerjäger«, sagte er mit irrem Lachen. »Hier sind Ratten.«
Mit der Kanne ging er durch die hintere Halle und kletterte dann die Treppe hinauf. Überall hinterließ er eine Benzinspur. Der Mann im Empfang schlief schon auf einem Feldbett, als er Schritte hörte und Doyle kommen sah.
Auf der Treppe machte Doyle kehrt und schleifte die Kanne hinter sich. Unten warf er ein Streichholz in eine Benzinpfütze, und mit einem zischenden Laut entzündete sich die Flüssigkeit. Der Nachtportier, der inzwischen hellwach war, stürzte sich auf Doyle, der ihn aber mit einem Schlag zur Seite warf. Automatisch bückte sich Popeye und griff sich an die Wade, wo sonst der Browning versteckt war.
»Scheißding«, fluchte er, als er es nicht fand.
Die Flammen hatten jetzt die Wände erreicht. Doyle trat das Geländer ein und riß einen der Stäbe heraus. Das war genauso gut wie ein Polizeiknüppel. Er hastete wieder die Treppen hinauf und trat

alle Türen auf. Die Huren waren im Bett, einige allein, andere nicht, wieder andere dämmerten schon. Der Rauchgestank war stark. Ein angefixter Seemann stolperte aus einem Zimmer und krempelte sich den Ärmel über seine blutende Vene.
Doyle suchte Jacques, den eleganten Franzosen, Jules, seinen dritten Bewacher, und vor allem Charnier. Er wollte sie alle auf einmal erwischen.
»Los, ihr Saubande«, schrie Doyle mit überschnappender Stimme. »Raus mit euch! Der Puff hier bricht zusammen!«
Der Korridor füllte sich jetzt mit Menschen. Sie zeterten, schrien und liefen aufgeregt in ihren Nachthemden herum, während das Feuer sich auf sie zufraß. Doyle vergaß die Gefahr, daß das Feuer ihm den Rückweg abschneiden könnte. Er rannte zum nächsten Stockwerk, in das Büro, wo die Männer immer Karten gespielt hatten, dann in seine alte Zelle. Aber außer fürchterlichen Erinnerungen fand er hier nichts mehr. Der Anblick ernüchterte ihn jedoch. Er drehte sich um und sprang hastig die Treppen hinunter.
Jetzt kamen Sirenen heran. Doyle bahnte sich einen Weg durch die aufgeregten Einwohner, die auf den Ausgang zuhetzten. Sie hatten noch nicht begriffen, was eigentlich passiert war, und nahmen Gegenstände mit, die sie plötzlich für unersetzbar hielten: eine Fuchs-Stola, ein Paar neue Schuhe, einen Kanarienvogel im Käfig, eine Flasche *pastis*. Bald waren nur noch die Sirenen der Polizeiwagen und der Feuerwehrfahrzeuge zu hören, die jetzt über die Rue Rappatu brausten.
Feuerwehrmänner legten die Leitern an und machten die Schläuche einsatzbereit, während die Polizei die Straße an beiden Enden absperrte und anfing, Leute festzuhalten und zu verhören. Barthelmy kam ein paar Minuten nach den anderen an, weil er es von seinem Haus weit bis zu dem kleinen Hotel hatte. Miletto und Diron, die er noch im Präsidium aufgelesen hatte, waren bei ihm.
Doyle starrte durch den Rauch und sah Jules, der mit mehreren großen Papiertüten aus dem Gebäude schlüpfte. Doyle deutete auf den fliehenden Algerier und schrie: »Schnapp ihn, Henry!« Aber das machte nur den Flüchtenden auf die drohende Gefahr aufmerksam. Er startete zu einem Spurt auf die Rückseite des Hotels zu. Doyle rannte hinter ihm her.
Jules hatte schon fast die Allee erreicht, über die er in den Dschungel kleiner Straßen fliehen wollte, als Doyle auf seine Beine zuhechtete. Mit dem abgerissenen Geländerstab schlug ihm der Amerikaner zuerst auf die Handgelenke, dann direkt ins Gesicht. Der Algerier klappte zusammen, und Doyle riß ihm die Papiertüten aus der Hand. Spritzen, Gummibänder, Tüten mit Hasch und Heroin fielen zu Boden. Instinktiv griff Doyle nach einem Umschlag und stopfte ihn sich in die Tasche.

Als er von der Fülle des Beweismaterials aufblickte, sah er, wie ein Feuerwehrmann die alte Engländerin in Sicherheit brachte. Bei der Erinnerung an die Frau explodierte er vor Wut.
»Nehmt die alte Hexe fest!« brüllte er. »Sie ist ein Junkie. Und haltet mir diesen Schweinekerl hier fest, dem steht einiges bevor!«
Barthelmy gab Diron ein Zeichen, er solle die Alte festnehmen, während Miletto den Inhalt der Papiertüten aufsammelte. Das Hotel de Niger stand jetzt in hellen Flammen. Doyle starrte noch immer suchend in das Feuer, aber von Jacques war keine Spur zu entdecken, und er war der eigentliche Kontaktmann. »Der Bastard ist mir wieder entwischt!« fluchte er wütend.
Barthelmy kam mit energischen Schritten auf ihn zu. Doyle richtete sich auf und konnte seinen Wahn etwas abschütteln.
»Ich will mit dir reden, Doyle«, sagte Barthelmy in kalter Wut. »Komm mit ins Auto!«
Doyle sah ihn fast verächtlich an und schlenderte langsam zur Straße herüber. Barthelmy trottete hinter ihm her.
»Du hast uns angelogen, du hast falsch gespielt, du hast wieder alles vermasselt«, sagte Barthelmy, aber Doyle hörte kaum hin, dachte nur daran, wie er den Algerier, dem Miletto Handschellen angelegt hatte, zwischen die Finger bekommen konnte.
»Du bist und bleibst ein Idiot!« brüllte Barthelmy. »Wie soll ich das da bitteschön erklären ...?« Er zeigte auf das Feuer.
Doyle zuckte die Achseln. Er schob Miletto zur Seite und packte Jules.
»Wo ist Charnier, diese Ratte von einem Bastard? Hörst du mich? Wo? Wo? Wo?« Jede Frage wurde durch einen Schlag unterstrichen.
Miletto machte Anstalten, den außer sich geratenen Amerikaner zu stoppen, aber Barthelmy hielt ihn zurück. Er wußte, daß Doyle diese Entladung brauchte, bevor er wieder zu Verstand kommen konnte, daß er sie brauchte, um den Alptraum seiner Erfahrung als Süchtiger zu überwinden und um sich an denen zu rächen, die ihn dazu gemacht hatten.
Unter Doyles berserkerartigem Überfall ging Jules in die Knie und begann, auf Französisch zu brabbeln. Je kräftiger Doyle zuschlug, desto lauter schrie er. Jetzt lag er schon halb am Boden, und Barthelmy kam näher heran. Aufmerksam hörte er zu, was der Mann erzählte. Aus ihm sprudelte alles, was er über den großen Heroin-Deal wußte, er durchsuchte seine Erinnerung nach den kleinsten Details, und sein vor Entsetzen erstarrter Blick sah nur noch Doyles übermächtige Gestalt, die vor Zorn nur noch keuchen konnte.
Doyle holte mit dem Fuß aus, um ihm mit einem Tritt in die Rip-

pen den Rest zu geben, aber diesmal wurde er von Barthelmy festgehalten.
»Hör schon auf, Popeye, er hat uns alles erzählt, was wir wissen wollen.«
Aber diese besänftigenden Worte waren der Versuch, einen Wirbelwind aufzuhalten. Miletto und Diron mußten ihren amerikanischen Kollegen jeder an einem Arm fortziehen.
Langsam tauchte Doyle aus seinem blinden Wutanfall wieder auf. Sein Körper war noch immer in Kampfstellung, die Fäuste zu Felsen geballt, die Augen flackerten wild umher, die Brust ging auf und ab. Barthelmy berührte ihn sanft am Arm.
»Wir haben alles, Popeye. Heute nacht am Trockendock. Er hat uns alles erzählt, was er weiß.«
Dieser Tonfall duldete keinen Widerspruch, und Doyle kam allmählich zu sich.
»Okay, Henry, jetzt haßt du mich, richtig? Schließlich mußte ich die Informationen doch mit den Fäusten einholen. Aber das ist natürlich keine gute Detektivarbeit.«
Barthelmy schaute ihn lange an, dann schüttelte er bedauernd den Kopf und sagte zu Miletto: *»On n'apprend pas à un singe à faire des grimaces.«*
»Was zum Teufel bedeutet das denn nun wieder?« fragte Doyle den grauhaarigen Assistenten.
»Es bedeutet«, antwortete Miletto, »daß man einem alten Hund keine neuen Tricks beibringen kann, und das ist manchmal auch ganz gut so.«

34

Die Nacht wurde tiefschwarz, als der Mond hinter den trockenen Bergen untertauchte. Ohne Licht rollte ein Polizeiwagen auf einen Parkplatz nahe der Einfahrt zu den Trockendocks von La Joliette. Schon bevor er durch die Tore fuhr, waren die Türen geöffnet worden, so daß die vier Insassen jetzt ohne jedes Geräusch aussteigen und sich in der Dunkelheit verteilen konnten. Aus verschiedenen Richtungen schlichen sie auf den holländischen Frachter zu, der in dem einzigen besetzten Becken festgemacht war.
Das Schiff lag vollkommen im Dunkel. Als die Männer näher herankamen und in den tiefen Schacht des Trockendocks blicken konnten, sahen sie einen Lichtkreis im unteren Heck. Schattenhafte Figuren bewegten sich dort hastig hin und her, manchmal wurden sie mit sprühenden Funken übersprüht.

Barthelmy gab Diron und Miletto ein Zeichen, sie sollten ihm für alle Fälle von oben Feuerschutz geben, während er sich anschickte, eine lange Steintreppe zum Boden des Trockendocks hinabzusteigen. Er hielt seine Handfläche hoch, um Doyle zu bedeuten, er solle zurückbleiben und warten.
»Ist nicht drin, Schätzchen«, murmelte Doyle verhalten.
Barthelmy seufzte und fand sich damit ab, daß Doyle mit seinen Gummisohlen hinter ihm die Treppe hinunterzuklettern begann.
Barthelmy und Doyle blieben auf der völlig dunklen Seite des Trockendocks und arbeiteten sich behutsam vor. Sie hofften, daß das Geräusch des Schneidbrenners ihre Schritte übertönte. Über ihnen bewegten sich Miletto und Diron an der Kante des Trokkendocks entlang.
Boden und Wände des Beckens waren feucht und mit glitschigem Seegras bewachsen. Hoch über ihren Köpfen war das Zeichen, das den Punkt markierte, bei dem das Schiff wieder schwimmen konnte. Wenn das Wasser so hoch stand, konnten die Seetore geöffnet werden, und das reparierte Schiff schwamm wieder in den Hafen. Jetzt war der Boden des Beckens mit Holzplanken, Abfall, Ketten und Resten von Tauwerk bedeckt. Die beiden Polizisten konnten mit Hilfe des Schneidbrennerlichts einen Weg durch diesen Müll finden.
Über ihnen waren lange, schwere Holzbalken zwischen das Schiff und die Wände geklemmt, um das trockengelegte Schiff aufrechtzuhalten. Als sie nahe an die doppelte Schiffsschraube herankamen, blieben Barthelmy und Doyle einen Augenblick stehen, um zu beobachten, was über ihnen im Heck vor sich ging.

Auf einem Brett stand ein Schweißer, der mit seinem Schneidbrenner Stahlbehälter loslöste, die heimlich hinter den Schiffsschrauben angebracht worden waren. Jeder dieser Behälter war etwa 50 Zentimeter mal einen Meter groß und mit Stahlbändern am Rumpf des Schiffes befestigt. Mehrere davon waren schon losgeschweißt worden, und ein paar Arbeiter waren damit beschäftigt, sie in den Lastkorb eines Krans zu packen.
Das Kabel an dem Korb führte zu einem fahrbaren Kran, der oben auf der Kante des Docks stand. Dahinter wartete ein Lastwagen darauf, die Behälter aufzuladen und zu ihrem Bestimmungsort zu transportieren.
In einiger Entfernung parkte ein Mercedes 220 SL, neben dem ein Mann mit weißem Bart geduldig auf die Abwicklung der Operation wartete.
Jacques überwachte das Entladen an Ort und Stelle neben dem Lastkorb. Wie immer war er elegant gekleidet, hatte aber den Blaumann eines Arbeiters übergestreift, um seine Cardin-Jacke zu schützen. Doyle prallte vor Überraschung zurück, als er ihn erkannte. Er machte Anstalten, auf den jungen Franzosen loszustürzen, wurde aber von Barthelmy zurückgehalten, der nach oben schaute, um sich zu vergewissern, wo Miletto und Diron gerade standen.
Jeder von den beiden gab sich durch ein kurzes Winken zu erkennen. Daraufhin drehte Barthelmy sich um und gab Doyle durch Zeichensprache zu verstehen, er solle seine Augen an die Dunkelheit gewöhnen und daher nicht in die grelle Flamme des Schneidbrenners blicken.
Als sie näherkamen, bemerkten sie einen Wachposten, der neben dem Schweißer auf dem Plankengerüst stand und ihn mit einer Maschinenpistole aus dem Zweiten Weltkrieg absicherte. Die Männer im Heck arbeiteten ruhig und schnell. Bei ihrer gemurmelten Unterhaltung machten sie manchmal sogar einen Witz.
Doyle legte die Lippen an Barthelmys Ohr: »Die Hunde lassen sich wirklich etwas einfallen, um das Zeug zu transportieren«, sagte er. Der Schweißer hatte jetzt den letzten Behälter gelöst und reichte ihn zu den Ladearbeitern hinunter.
Barthelmy deutete auf den Ausgang. »Jetzt gehen wir«, flüsterte er.
Wütend drehte sich Doyle zu dem Franzosen um, aber Barthelmy schüttelte nur den Kopf und flüsterte dem Amerikaner zu: »Wir wollen doch auch das Labor finden und vor allem Charnier, stimmt's? Deshalb fahren wir hinter ihnen her.«
Widerwillig nickte Doyle.
Oberhalb von ihnen ließ Miletto Diron zur Beobachtung des Lastwagens zurück und sah sich um. Als er gerade zum Sprung

ansetzte, um sich hinter einem Kran in Sicherheit zu bringen, stolperte er und fiel über eine Schiene. Ein Wachposten auf dem Lastwagen drehte sich um, bemerkte die ausgestreckt am Boden liegende Gestalt und eröffnete das Feuer. Kugeln prasselten neben Miletto auf die Pflastersteine, und er konnte sich noch gerade unter den Kran retten.

Unten ging die Hölle los. Barthelmy griff zu seiner Walther PPK, ein Überbleibsel aus dem Krieg, und feuerte auf den Posten auf dem Gerüst. Aber auf diese Entfernung war mit der alten Pistole nicht viel anzufangen. Der Wachposten antwortete mit einer Salve aus seiner Maschinenpistole. Doyle fluchte, daß er keine Waffe zur Hand hatte, ging dann aber gemeinsam mit Barthelmy unter dem Schiffsrumpf in Deckung.

Jacques und seine Männer – der Schweißer und die Ladearbeiter – sprangen in den Lastkorb und wurden zusammen mit den Behältern hochgehievt.

Oben waren Diron und Miletto jetzt völlig festgenagelt, als zwei weitere Posten auf sie losballerten. Charnier sprang hastig in den Mercedes. Er wußte, daß er jetzt ganz schnell verschwinden mußte, denn wenn er erwischt würde, wäre schließlich alles vorbei. Ihm war klar, daß er ohnehin nicht hierher kommen durfte. Aber die Größe des Geschäfts, das Drängen der Genfer und auch ein wenig blanke Abenteuerlust hatten ihn wider besseres Wissen dazu gebracht, die Arbeit selbst zu begutachten.

Barthelmy und Doyle waren hilflos unter dem Schiffsrumpf eingesperrt. Kugeln bohrten sich in den Beton zu ihren Füßen oder prallten in pfeifendem Stakkato vom Stahl des Frachters ab. Tatenlos mußten sie zusehen, wie der Lastkorb über das Dock direkt auf den Lastwagen zuschwenkte, dessen Motor abfahrbereit aufheulte. Jacques brüllte eine Reihe von Kommandos, und der Mercedes verschwand mit quietschenden Reifen in der Nacht, ohne daß Miletto und Diron etwas dagegen unternehmen konnten.

Doyle und Barthelmy klammerten sich an die Betonblöcke, ihre Kleider waren von den Wasserpfützen im Becken schon völlig durchnäßt. Wenn einer von ihnen sich bewegte, wurde er prompt von einer Salve zurückgescheucht. Der Posten auf dem Gerüst konnte beide Seiten des Frachters abdecken und sie mühelos in Schach halten.

Doyle drehte sich um und schrie: »Wenn wir hier unten nicht wegkommen, macht dieser Schützenkönig uns bald alle!«

Barthelmy nickte zustimmend und gab Doyle ein Zeichen, daß sie sich am Kiel entlang zum Bug zurückziehen sollten. Aber als sie gerade mit ihrem kriechenden Rückzug begonnen hatten, hörten sie das unverkennbare Geräusch von wasserfallartig herabstürzendem Wasser.

Sie sahen reißende Ströme Seewasser aus den Schleusen am Ende des Trockendocks stürzen. Die bedrohliche Flut kam direkt auf sie zu. Im Schutz des Maschinenpistolenfeuers drehten Jacques und seine Männer oben kräftig an den Rädern, mit denen die riesigen Schleusen geöffnet wurden.

Miletto und Diron taten ihr Bestes, um die Gangster aufzuhalten, aber gegen die Salven aus der Maschinenpistole waren ihre Revolver machtlos. Miletto schob sich etwas vor, um besser auf die Männer an der Schleusenöffnung zielen zu können, aber das kurze Auftauchen aus der Deckung war schon zuviel. Ein Posten zielte, und die Gewalt der Kugeln warf den grauhaarigen Polizisten herum, er stolperte und stürzte in das steigende Wasser des Beckens.

Plötzlich hörte der Feuerhagel des Wachpostens auf dem Gerüst auf. Er hatte bemerkt, daß das steigende Wasser auch ihn erwischen würde. In panischer Angst sprang er in die Fluten, die ihm schon bis zum Oberschenkel reichten.

Jetzt konnten auch Doyle und Barthelmy zu der Treppe am Ende des Beckens laufen. Der Posten stürmte auf eine andere Treppe an der Seite zu. Barthelmy blieb kurz stehen und feuerte einen Schuß auf ihn ab, aber die Entfernung war zu groß, und er verfehlte sein Ziel. Der Wachposten drehte sich um, zog einen Revolver aus einem Schulterhalfter und feuerte zurück, so daß die

beiden Polizisten sich wieder nach Deckung umsehen mußten.
Das Meerwasser hatte jetzt die Heftigkeit einer Flut angenommen, die sich über die beiden Männer ergoß und sie umzuwerfen drohte. Sie kämpften jetzt um ihr Leben. Ein Stück Holz, das von einer Welle herangespült wurde, schlug Barthelmy die Pistole aus der Hand, und andere Abfallstücke peitschten jetzt auf die beiden Männer ein. Ein plötzlicher Sog schwemmte sie zurück zum Schiff.
Oben hörte jetzt das Feuer auf, als der Lastwagen dem Mercedes folgte und auf die Tore von La Joliette zuraste, während Diron hilflos sein Magazin auf die Insassen abfeuerte.
Unten waren Barthelmy und Doyle von neuen Gefahren bedroht. Die Stützbalken, die das Schiff festhielten, lockerten sich, als der Frachter jetzt von dem steigenden Wasser getragen wurde. Schwere Bretter schlugen heftig gegen den Schiffsrumpf, und in der Dunkelheit konnten die beiden Männer einander kaum sehen.
Diron, der ihnen nun helfen konnte, lief verzweifelt oben am Dock entlang und versuchte, Schritt mit den Fluten zu halten, die Barthelmy und Doyle wie Treibgut zum Ende des Beckens schwemmten. Er ergriff ein herumliegendes schweres Seil und wickelte es mit fieberhafter Geschwindigkeit auf.
Barthelmy, der gerade auftauchte, um nach Luft zu schnappen, erblickte seinen jungen Kollegen und winkte ihm verzweifelt zu. Dabei entging ihm ein massives Brett, das auf ihn zugeschwemmt wurde, aber Doyle bemerkte es rechtzeitig.
»Paß auf, Henry!« brüllte er. Das schwere Holz krachte gegen den Schädel des Franzosen. Bewußtlos versank er in der schwarzen Flut. Verzweifelt schwamm Doyle hinter ihm her und versuchte, einzuschätzen, wohin das Wasser ihn treiben würde. Zweimal tauchte der Amerikaner unter, dann kam er mit der leblosen Masse wieder hoch.
Mit der einen Hand hielt Doyle seine Beute fest, mit der anderen kämpfte er gegen den Strom und arbeitete sich zu dem Seil vor, das Diron herunterhängen ließ. Er bekam es zu fassen, und Diron zerrte mit aller Kraft, um die menschliche Last zur Treppe zu ziehen.
Nach langem Kampf hatte Doyle es geschafft. Erschöpft kletterte er hoch und zog Barthelmy hinter sich her. Diron kam ihnen entgegen und half.
Völlig erledigt sank Doyle zu Boden, während Barthelmy neben ihm langsam die Augen öffnete. Lange sagte keiner von ihnen ein Wort, dann verzog der Franzose das Gesicht zu einem dankbaren Lächeln.
»Wenn ich eine Pistole gehabt hätte ...« keuchte Doyle. »Wenn

ich eine Pistole gehabt hätte, ... hätte ich dir besser helfen können!«
Barthelmy versuchte, etwas zu sagen. »Wo... wo ist...«
Doyle begriff. »Wo ist Miletto?« fragte er Diron. Der junge Polizist suchte einen Augenblick nach dem englischen Wort. »Erschossen«, sagte er und deutete auf das überflutete Becken. »Da unten.«
»Oh Scheiße!« sagte Doyle bitter. Er stand auf und blickte hinunter, aber in den dunklen Gewässern war nichts zu sehen.

35

Doyle lag im Bett, und ein Badehandtuch bedeckte den mittleren Teil seines Körpers. Françoise hatte nichts weiter an als ihre Sonnenbräune. Geschäftig lief sie in dem kargen Hotelzimmer herum.
»Ich glaube, dein Anzug ist fast trocken, aber ein Bügeleisen würde ihm nicht schlecht bekommen«, sagte sie mit einem Blick auf die feuchten Kleider, die nahe beim Fenster aufgehängt waren. Darunter lag eine Ausgabe von *Le Provençal*, um die Tropfen aufzufangen.
Doyle beobachtete sie durch halbgeschlossene Augenlider. Er fand, daß sie den schönsten und perfektesten Körper hatte, den er je gesehen hatte. »Françoise«, sagte er schläfrig. »Ich finde, du bist einfach schön, wunderschön.«
»Danke«, sagte sie.
»Weißt du, ich glaube, zwischen uns könnte sich wirklich etwas Großartiges entwickeln.«
Françoise nahm Doyles Hemd vom Bügel und faltete es. »Das haben wir doch schon beide hinter uns, oder nicht? Du weißt doch, daß das eine Illusion ist. Was wir jetzt erleben, ist schön für uns beide. In fünf Jahren...«
»Auch in hundert Jahren«, unterbrach Doyle das Mädchen, »wäre ich noch ganz verrückt nach dir, Baby.«
Doyle blickte an ihr vorbei auf den dämmrigen Himmel. Die Narben auf seinem Arm waren nur noch weiße Gespenster, aber das Jucken kam von Zeit zu Zeit wieder. Geistesabwesend massierte er den Arm mit der flachen Hand, wie die alte Engländerin es ihm gezeigt hatte. Die Ereignisse auf dem Trockendock vor ein paar Stunden kamen ihm wieder in den Sinn.
»Herrgott!« sagte Doyle.
Besorgt blickte Françoise ihn an. »Alles in Ordnung?«
»Ja«, sagte Doyle angewidert und stand auf. Sein Körper zitterte,

er spürte einen Krampf, das Verlangen nach dem Teufelszeug war wieder da. Er ging ins Bad und schüttete sich eine Ladung kaltes Wasser ins Gesicht. Dann rannte er nervös im Zimmer auf und ab, seine Arme juckten, wie wild rieb er sich die Nadeleinstiche.
Françoise legte sich aufs Bett. Ihr war klar, daß er diesen Kampf allein ausfechten mußte.
Doyle ging zur Kommode und schob sich ein Stück Schokolade in den Mund. Das reichte nicht. Aus einer Schublade holte er ein paar Zuckerwürfel, die er wütend zerbiß und mit Leitungswasser runterspülte.
Jemand klopfte an die Tür. Doyle nahm seinen verschmutzten Regenmantel und schlüpfte hinein, um seinen nackten Körper zu bedecken. Françoise zog die Bettdecke über sich.
»Ja«, sagte Doyle.
Es war Barthelmy.
Doyle öffnete die Tür einen Spalt breit. Hinter Henri stand ein großer Mann mit eisgrauem Haar. Barthelmys Arm steckte in einer Schlinge – eine Erinnerung an die Geschehnisse der letzten Nacht.
»Popeye, das ist Inspektor de la Croix.«
Doyle nickte, der Mann machte eine knappe Verbeugung, reichte dem Amerikaner aber nicht die Hand. Sein Blick streifte das Bett, auf dem ein blonder Haarschopf zu sehen war.
»Der Inspektor will deinen Paß«, sagte Barthelmy. »Am Morgen geht ein Flugzeug nach Barcelona mit Anschluß nach New York. Am Flughafen bekommst du deinen Paß zurück.«
Es war eindeutig, daß Barthelmy nicht gerne tat, was er tun mußte, aber er tat es. Doyle versuchte, den beiden Inspektoren die Tür vor der Nase zuzumachen.
»Den Paß hab' ich im Büro abgegeben«, sagte er.
Aber Barthelmy bahnte sich mit der Schulter einen Weg in das Zimmer, und der Inspektor folgte ihm mit einem angewiderten Blick auf das Chaos auf dem Boden. Er wandte sich an Barthelmy und bearbeitete ihn mit einem französischen Wortschwall.
In etwa sagte er: »Ein Spitzel tot wegen Doyle. Ein Feuer, das ganz Marseille hätte niederbrennen können – wegen Doyle. Zwei sehr verdächtige Todesfälle, von denen Sie sagen, daß sie nichts mit Doyle zu tun haben, aber wir wissen das besser. Und jetzt die Geschichte in den Trockendocks, ein guter Mann tot – wegen Doyle. Das reicht. Er muß raus!«
Entschuldigend wandte sich Barthelmy an Doyle: »Willst du, daß ich das übersetze?«
»Nein«, meinte Doyle knapp.
»Sie haben deinen Boß in New York angerufen.«

»Ich wette, die da drüben sind enttäuscht, daß ich noch lebe. Dieser Typ muß ein Freund von denen sein.«
»Also dann, deinen Paß bitte, Popeye.«
Doyle ging zur Kommode, nahm den grünen Paß mit dem Adler und reichte ihn entmutigt weiter.
»Henry, du weißt genau, daß das nicht richtig ist. Wir sind dem Kerl so dicht auf den Fersen, daß ich es schon riechen kann. So kannst du mich doch nicht reinlegen!«
Barthelmy zuckte die Achseln, die gallische Vielzweckgeste. Er gab dem ungeduldigen Inspektor den Paß.
»Je ne veux pas le voir«, sagte der Mann. *»Même dans la rue.«*
»Er wünscht, daß du das Hotel nicht verläßt«, sagte Barthelmy. »Erst morgen früh bei der Abreise.«
De la Croix stürmte aus dem Zimmer, Barthelmy drehte sich noch einmal um und bat Doyle mit einem Blick um Verzeihung. Popeye meinte sogar, ein Versprechen in den Augen seines Freundes erkannt zu haben.
Françoise tauchte wieder auf und lehnte den Kopf gegen das Kopfende. »Also...« begann sie, aber Doyle trat wütend gegen einen Kleiderhaufen auf dem Fußboden.
»Scheiße!« fluchte er. Dann fiel sein Blick auf die Kommode, wo die Sachen aus seinen Taschen lagen.
Er verteilte die Gegenstände auf der Kommode und packte den Beutel Heroin, den er vor dem Hotel de Niger geklaut hatte. Er hielt ihn gegen das Licht und schüttelte ihn.
Schweigend und mit versteinertem Gesichtsausdruck sah Françoise ihm zu.
Lange starrte er auf den Umschlag und geriet ins Schwitzen. Dann nahm er entschlossen ein Messer von der Kommode und schlitzte den Beutel auf. Dumpf betrachtete er das weiße Puder, leckte kurz an einem Finger und legte sich ein paar Körner auf die Zunge. Es schmeckte bitter, sehr bitter.
Françoise und er wirkten wie eingefroren. Dann machte er eine Kehrtwendung, ging zum Bidet und spülte die Versuchung davon. Das Geräusch des fließenden Wassers war für ihn eine triumphierende Sinfonie.

Im Trockendock von La Joliette tauchten zwei Froschmänner aus dem dreckigen Wasser. Sie trugen Gérard Milettos Leiche. In der Stirn war ein kleines rotes Loch, andere Einschüsse wurden durch die Kleidung versteckt. Trauer und Wut vermischten sich in Barthelmys Gesichtsausdruck, als die Froschmänner die triefendnasse Leiche an die Besatzung des Krankenwagens übergaben.
Die Polizei hatte die ganze Gegend abgeriegelt, Offiziere und Mannschaft des holländischen Frachters standen in einer Reihe,

und Diron notierte ihre Namen. Angewidert betrachtete Barthelmy die Besatzung.
Der stämmige, blonde Kapitän des Schiffs kam auf ihn zu und beschwerte sich lautstark, aber der Inspektor beschloß, ihn im Moment noch zu ignorieren, während der Krankenwagen an den Seeleuten vorbeifuhr. Diron senkte das Notizbuch, murmelte leise ein Gebet und bekreuzigte sich. Aber der Kapitän blieb empört und aggressiv.
Barthelmy musterte ihn kalt. »*Vous n'avez rien remarqué dans le cours du voyage, capitaine?*«
»Mein Französisch noch schlechter als gottverdammtes Englisch«, schimpfte der Kapitän. »Ich sage nichts, bis Konsul hier. Ich weiß nichts von letzter Nacht.«
Auch Barthelmy schaltete jetzt auf Englisch um. »Sie müssen während der Fahrt doch Ihrem Schiff angemerkt haben, daß etwas am Rumpf befestigt war. Meinen Sie wirklich, ich würde Ihnen glauben, daß Sie ahnungslos waren?«
»Wir kommen Ruder reparieren«, sagte der Kapitän. »Von anderem weiß ich nichts.«
Das Gespräch wurde von einer Autohupe unterbrochen, und Barthelmy erkannte Doyle am Ende des Trockendocks. Er stand neben einem Taxi und winkte seinem französischen Kollegen zu.
»Warten Sie hier, Kapitän.«
Der Kapitän deutete auf den Frachter. »Ich gehe an Bord, auf niederländisches Territorium.«
Barthelmys Stimme wurde härter. »Sie *sind* auf französischem Territorium, und Sie *bleiben* auf französischem Territorium.«
Er gab Diron ein Zeichen, auf den murrenden Kapitän aufzupassen, und ging Doyle entgegen.
»Popeye«, sagte Barthelmy vorwurfsvoll, »de la Croix hat dir doch gesagt...«
»Ach, was soll's?« sagte Doyle. »Wenn ich mit dir zusammen bin, kann ich doch keinen Schaden anrichten.«
Der französische Inspektor seufzte resigniert und ging zurück zum Trockendock, Doyle holte ihn ein.
»Was hast du über diese Nußschale herausgefunden?« fragte Popeye.
Barthelmy sah ihn trübsinnig an. »Der Kapitän sagt, er wisse von nichts. Er habe einen Zwischenstopp in Singapur eingelegt, angeblich um ein kaputtes Ruder zu reparieren.«
»Wenn es nach mir ginge, müßte er dieses verdammte Ruder auffressen.«
»Angeblich weiß er auch nichts über die letzte Nacht«, ergänzte Barthelmy.

»Glaubst du das?«
»Natürlich nicht!«
»Und was machst du jetzt, Henry?«
»Wir warten ab. Wenn sein Konsul kommt, nehmen wir ihn mit ins Präsidium und verhören ihn. Wenn der Konsul dann wieder weg ist, verhören wir ihn noch ein bißchen.«
Doyle lächelte, weil er annahm, Barthelmy sei jetzt zu seinen New Yorker Methoden übergegangen.
Bevor sie wieder zu dem wartenden Kapitän kamen, packte Doyle Barthelmy am Arm. Der Franzose schrie vor Schmerz leise auf.
»Entschuldige, Henry, aber deinen kaputten Arm hab' ich ganz vergessen«, sagte der Amerikaner. »Aber sperr diesen Pennbruder jetzt noch nicht ein.«
Barthelmy sah ihn interessiert an.
»Hör mal, der hat doch noch kein Geld gesehen. Eine Ratte wie Charnier rückt doch mit keiner Pesete raus, bevor nicht geliefert ist. Glaub mir, dieser Holländer verläßt die Stadt nicht, bis er sein Bargeld im Sack hat.«
Barthelmy blieb skeptisch. »Er kann es ebensogut in Holland kassieren, oder sie deponieren es in Genf.«
»Nein«, sagte Doyle überzeugt. »Das muß bar sein, und es muß hier sein. Charnier kann es sich nicht leisten, den Kerl zu verärgern. Der könnte dir sonst einige Geschichten erzählen.«
Barthelmy zweifelte. »Ich weiß nicht...«
»Glaub mir«, sagte Doyle, »wenn du abwartest und den Holländer in ganz Europa beobachten läßt, ist der Stoff bis Ende nächster Woche in Fünfdollartüten in New York. Laß den Kerl laufen, dann bringt er uns zu Nummer eins.«
Barthelmy verschränkte die Arme und überlegte Vor- und Nachteile von Doyles Idee.
»Du schuldest mir noch was, Henry.«
Barthelmy dachte nach. Doyle hatte ihm tatsächlich das Leben gerettet, außerdem klang sein Vorschlag vernünftig. Er nickte, und Doyle konnte seinen Triumph nur schwer verbergen.
Barthelmy erteilte einem Kriminalpolizisten den Auftrag, sich als Hafenarbeiter zu verkleiden und aufzupassen, daß der Holländer nicht plötzlich entwischte. Am späten Nachmittag bezogen er und Doyle einen Beobachterposten in der Maschinenabteilung des Hafens. Von dort aus konnten sie den holländischen Frachter ohne Schwierigkeiten im Auge behalten. Sie hatten sich mit Vorräten, Coca-Cola und einer Flasche Côtes du Rhône versorgt und außerdem Walkie-Talkies, ein starkes Fernglas von Nikon und eine Matratze mitgebracht. Jacken und Krawatten legten sie ab, Doyle zog außerdem die Schuhe aus.

In einem Walkie-Talkie knisterte es. Barthelmy antwortete, hörte zu und schaltete befriedigt wieder ab. »Unsere Leute beobachten den Hafen, falls er versuchen sollte, mit einem Boot zu einem Rendezvous zu fahren.«
Doyle starrte durch das Fernglas. Der Kapitän stand auf der Brükke, noch immer in Uniform. »Unser kleiner Holzpantoffelheld läßt sich Zeit«, sagte Doyle. »Wann sind die wohl mit der Reparatur fertig?«
»Nach unseren Informationen irgendwann morgen«, antwortete Barthelmy.
»Je schneller, desto besser«, meinte Doyle und steckte sich ein Stück Schokolade in den Mund.

Charnier eilte durch einen langen Fabrikschuppen hinter dem Friedhof von St. Pierre. Der Chemiker Simonpieri hatte einen guten Platz ausgewählt. Das Labor lag in der Nähe der *Pharmacie Militaire* und neben dem Straßenbahndepot. Ungewöhnliche Gerüche würden dort sicher nicht auffallen, und trotzdem war die Stadt nicht weit entfernt, so daß Vorräte leicht herangeschafft werden konnten. Die Gegend war wenig bewohnt, aber doch so weit mit Industrie bestückt, daß Lastwagen auch zu seltsamen Zeiten kein Aufsehen erregten.
Die Lieferungen kamen tatsächlich zu seltsamen Zeiten, denn das Labor arbeitete 24 Stunden am Tag, um die so häufig verschobene Lieferung endlich fertigzustellen. Anerkennend betrachtete Charnier mit Expertenblick die Einrichtung des Raums. Im Unterschied zu Cesares klassischen Labors, in denen die Mischung mit einem Löffel angerührt und auf dem Balkon getrocknet wurde, war dieses mit elektrischen Mixgeräten, Backöfen und elektrischen Kühlanlagen ausgestattet.
Wachposten standen am Eingang und an mehreren Fenstern, bewaffnet waren sie mit israelischen Uzi-Maschinenpistolen. Die Szene wirkte insgesamt wie ein surrealistisches Gemälde, denn alle Leute trugen Gasmasken aus dem Zweiten Weltkrieg, die sie gegen die Dämpfe schützen sollten. Trotzdem waren die Gesichter der drei Chemiker von der Säure zerfressen. Einer hatte sich einen Bart wachsen lassen, um die Narben zu verdecken.
Charnier blickte einem der maskierten Arbeiter über die Schulter und schüttelte bedauernd den Kopf. »Die alte Handwerkskunst erlernen die nie«, sagte er zu Jacques. »Wenn wir Arbeiter aus der alten Zeit hätten, könntest du mal erleben, wie schnell wir einen solchen Auftrag erledigen könnten.«
Der Chemiker Simonpieri bemerkte die beiden Männer und bildete ein O aus Daumen und Zeigefinger, um ihnen anzuzeigen, daß alles wie am Schnürchen lief.

Charnier und Jacques gingen durch den Hinterausgang hinaus, hielten aber am Waschbecken an, um ihre Haut mit getränkten Papierhandtüchern gründlich von den Überresten der Säure zu reinigen. Draußen stiegen sie in Jacques' Mercedes, der in einer kleinen Sackgasse geparkt war.
»Was meinst du, Alain?« fragte Jacques besorgt.
»Ich glaube, wir schaffen es rechtzeitig, aber es wird hart auf hart gehen. Bei der nächsten Lieferung müssen wir einfach unsere Technik verbessern«, sagte Charnier. »Diese Ansammlung von Unfähigkeit kostet uns Millionen.«

36

Doyle und Barthelmy waren auf ihrem Beobachterposten so müde geworden, daß sie sich kaum mehr aufrecht halten konnten. Doyle rieb sich die geröteten Augen und setzte das Fernglas zum hundertsten Mal ab.
»Dieser verrottete Holländer hat wirklich die Geduld eines vollzähligen Engelchors.«
Barthelmy lag ausgestreckt auf der Matratze und hielt sich einen Arm über die Augen, um sie vor dem gleißenden Licht zu schützen.
»Weißt du, Popeye, wenn wir bis morgen kein Bein auf den Boden bekommen, wird die Sache brenzlig. Ich habe keine Ahnung, wie ich meinen lieben Kollegen erklären soll, daß ich länger als zwei Tage gebraucht habe, um dich ›wiederzufinden‹. Sonst...« Er fuhr sich mit dem Vorderarm über die Kehle.
Doyle seufzte. Er wußte, daß Barthelmy recht hatte. »Hör mal, Henry, ich könnte doch die Pest bekommen oder so etwas.«
Barthelmy grinste. »Für die Polizeiführung *bist* du die Pest.«
»Ja«, sagte Doyle wehmütig, »und damit würde ich diese Bande im Präsidium gerne anstecken.«
Er zog an seiner Gauloise und starrte wieder zu dem holländischen Frachter hinüber. Es wurde dunkel, und es war fast ausgeschlossen, daß die Übergabe des Geldes in der Nacht stattfinden würde. Die Ankunft eines Wagens in den verlassenen Docks würde zu großes Aufsehen erregen. Aber Doyle war inzwischen so aufgeregt, daß er Barthelmy überredete, auch während der Nacht in Schichten Wache zu halten.
Am Morgen sah Barthelmy, daß Wasser in das Becken des Trokkendocks eingelassen wurde. Arbeiter zogen die Planken weg, und aus dem Schornstein des Frachters kam der erste Dampf. Er tippte Doyle leicht an, und der Amerikaner fuhr sofort hellwach hoch.

Er nahm das Fernglas und nickte. Er verstand, was diese Vorbereitungen bedeuteten. Erregt lief er in dem kleinen Raum auf und ab.

In dem Labor hinter dem Friedhof St. Pierre war die Verarbeitung der Morphiumbasis fast abgeschlossen. Einige Pakete lagen schon aufgestapelt. Sie waren in Papier eingewickelt, und auf einem roten Klebeband stand der Name des jeweiligen Empfängers auf der anderen Seite des Atlantik. Ein Arbeiter hatte angefangen, die Fracht durch eine Seitentür hinauszutragen. Vorsichtig mußte er über die dicken Kabel steigen, die heimlich an die Straßenbahnwerkstatt angeschlossen worden waren.
Hinter dem Labor war eine Garage, wo ein Lieferwagen von Fiat unter Jacques' Aufsicht mit den Paketen beladen wurde. Die hohen Tore der Garage wurden von einem riesigen schwarzen Posten mit einem Turban bewacht. Sein Gesicht war mit den Narben seines Stammes geschmückt, und in seiner Hand wirkte die Uzi-Maschinenpistole wie ein Spielzeug.

In La Joliette hatte das Wasser jetzt seinen normalen Stand erreicht, und der Frachter wurde nur noch von einigen Seilen gehalten. Barthelmy wandte sich mit enttäuschtem Gesichtsausdruck an Doyle. »Jetzt haben wir wohl keine Chance mehr, Popeye.«
Der Amerikaner stand an dem verrosteten Waschbecken in der Ecke und bearbeitete seinen Bart mit dem Rasiermesser, das er der alten Engländerin gestohlen hatte. Es war ihm ans Herz gewachsen, und außerdem hatte er noch immer keine Pistole.
»Ich sage dir, dieser Holländer beißt noch an. Ich weiß es mit Sicherheit, dafür habe ich ein untrügliches Gefühl.«
Mit seinem abgetragenen Hemd wischte er sich das Gesicht ab und ging mit dem Fernglas ans Fenster.
»Er hat aber nur noch wenig Zeit«, meinte Barthelmy resigniert.
»Immerhin genug, Henry«, sagte Doyle und reichte ihm das Fernrohr. »Schau dir das mal an!«
Unten stand der Kapitän in Zivilkleidung in der Telefonzelle neben dem Dock. Er sprach kurz, machte eine Pause, hängte wieder auf und zog geduldig an einer Zigarre. Nach etwas mehr als einer Minute klingelte das Telefon. Der Kapitän nahm sofort ab, hörte zu, nickte zufrieden, hängte wieder auf und marschierte auf die Tore zu. Doyle grinste und nahm den völlig verblüfften Barthelmy in die Arme.
»Juhuuu«, rief er. »Er geht in die Falle! Jetzt kann uns nichts mehr aufhalten, Mann, aber auch gar nichts!«
Barthelmy griff nach dem Walkie-Talkie und wartete, als wüßte er, daß bald eine Nachricht kommen würde. Tatsächlich kam nach

einer halben Minute ein französischer Wortschwall. Doyle fing an, seine Sachen zusammenzupacken.
»Bist du sicher, daß du auch alle Straßen unter Beobachtung hast, Henry?«
Barthelmy zuckte die Achseln. »Ich glaube schon, jedenfalls sind alle unsere Wagen und alle Funkanlagen im Einsatz. Außerdem glaube ich nicht, daß irgend etwas schiefgehen kann. Nach der Nachricht eben können wir ihn in 15 Minuten am Dock des Château d'If erwarten.«
»Was?« fragte Doyle verblüfft.
»Mein lieber Popeye, seit mehr als einem Monat haben wir an diesem Telefon das angebracht, was ihr eine Wanze nennt. Ja, wir haben sogar jeden Anruf aus einer Zelle in der Hafengegend abgehört, weil man logischerweise erwarten kann, auf diese Weise Tips über den Drogenhandel zu bekommen. Jetzt haben mich meine Abhör-Leute informiert, daß die Übergabe auf der Barkasse zum Château d'If stattfinden soll. Aber der Kapitän weiß selbst nicht genau, wer sein Kontaktmann ist und wie er das Geld bekommen soll.«
»Werden viele Leute auf dem Boot sein?«
»Manchmal ja, manchmal nein. In einem Punkt kannst du ganz sicher sein – der Kapitän wird uns nicht mit dem Geld entwischen. Aber unser eigentliches Ziel ist es, den Kontaktmann zu erwischen.«
»Wie?«
»Ich werde es so einrichten, daß der Motor der Barkasse eine Viertelstunde nicht funktionieren wird, nachdem der Kapitän an Bord gegangen ist. In dieser Zeit betreten auch unsere Agenten als Touristen oder Fischer verkleidet das Schiff. Andere Männer fahren inzwischen per Schnellboot zum Château d'If und beschatten dort den Hafen und das Schloß, während eine letzte Gruppe im Fischeraufzug auf die Fereole Inseln fährt, wo das Boot auf der Rückfahrt anhält. Unser Kapitän steht also die ganze Zeit unter Beobachtung.«
Doyle war beeindruckt. »Gute Arbeit, Henry. Wenn ihr Jungs wollt, dann werdet ihr ja richtig einfallsreich. Aber der Kerl wird ja noch eine Menge Leute streifen, bis er diese Barkasse wieder verläßt.«

37

Der Morgen war sonnig, und eine Menge Passagiere hatten sich zu der kurzen Bootsfahrt zum Château d'If eingefunden. Die meisten waren Touristen aus anderen Teilen Frankreichs, aber auch ein paar

Familien aus Marseille, Seeleute und Ausländer waren gekommen sowie einige Fischer, die auf den Fereoles aussteigen wollten. Der blonde Kapitän mit den kurzen Haaren und dem engen Anzug gehörte zu der Gruppe.
Ein Matrose pfiff auf den Fingern, um die Aufmerksamkeit der Passagiere zu wecken, und gab dann eine Ansage durch. Die Leute murmelten enttäuscht.
Der Kapitän verstand nur wenig Französisch, hatte aber begriffen, daß es eine Verspätung gab. Ungeduldig schaute er auf seine Armbanduhr und ging nervös auf dem Dock auf und ab. Er konnte der Versuchung nicht widerstehen, die wartenden Passagiere unter die Lupe zu nehmen, aber da kamen fast alle in Frage. Zwei Drittel von ihnen hatten Pakete, Rucksäcke oder Plastikbeutel bei sich, die alle groß genug waren, um darin die bedeutende Geldsumme unterzubringen, die er erwartete.
Wie vor ihm der Japaner hatte der Kapitän die Anweisung erhalten, als einer der letzten an Bord zu gehen. Er blieb abseits stehen, als noch ein paar Neuankömmlinge eintrafen. Dann gab einer der Matrosen ein Signal, daß die Passagiere an Bord gehen könnten.
Der Holländer ging noch rasch zu einem Eisverkäufer und besorgte sich ein *Mystère,* während die Menge über die Planken schlich und sich auf den Bänken des Decks verteilte. Die meisten vermieden die feuchten Bänke am Heck. Der Holländer nahm noch einen letzten Bissen Eis, dann warf er den Becher über Bord und setzte sich.
Ein junger Mann im beigefarbenen Kaschmirpullover und einem Blazer kaufte sich einen Beutel Pistazien von einem algerischen Straßenhändler. Seine Augen, die von einer riesengroßen Sonnenbrille verdeckt waren, wanderten manchmal zu den Passagieren hinüber, um sicherzugehen, daß sich niemand allzu intensiv mit dem Holländer beschäftigte. Dann machte er noch einen kleinen Rundgang über das Dock, um die Uferbänke und die Cafés der Umgebung auf eventuelle Beobachter zu prüfen.
Im letzten Moment, als die Pfeife schon die Abfahrt der Barkasse ankündigte, kaufte Jacques noch eine Karte und eilte an Bord. Ein Plastikbeutel von Adidas hing ihm nachlässig um die Schulter. Während das Boot anfuhr, schlenderte er auf einen Sitz in der Mitte der Barkasse zu.
Barthelmy und Doyle standen an einem Fenster oben im Château du Pharao. Mit einem Teleskop und dem Fernglas konnten sie von hier den ganzen alten Hafen überblicken.
»Meinst du, der Kontaktmann ist schon an Bord, Henry? Vielleicht hätte ich doch unten am Dock warten sollen, um ihn zu identifizieren.«
Barthelmy schüttelte den Kopf. »Du kannst sicher sein. daß Char-

nier nicht selbst das Geld überbringt. Das wäre eine grobe Dummheit und außerdem die Aufgabe einer untergeordneten Figur.«

»Sicher«, protestierte Doyle, »aber da war doch noch ein Typ, den ich erkennen würde – der Kerl, der mich im Hotel verhört hat.«

Barthelmy zuckte die Achseln. »Aber genausogut könnte *er* auch *dich* erkennen, *n'est-ce pas*?«

»Ich hätte mich doch verstecken können«, beharrte Doyle.

»Laß mich diese Sache weiterverfolgen«, sagte Barthelmy. »Wahrscheinlich besitzt der Kontaktmann einen sehr entwickelten Instinkt für Gefahren. Wenn wir zu früh zuschlagen, kann die ganze Sache schiefgehen.«

Ungeduldig, endlich selbst eingreifen zu können, boxte sich Doyle mit der rechten Faust gegen die linke Handfläche. »Diesmal wird uns dieser Hundsfott nicht entgehen, Henry, das schwöre ich dir, höchstens über meine Leiche.«

Barthelmy lächelte grimmig. »Bist du sicher, daß es nicht eine andere Leiche sein wird?«

Der holländische Kapitän bekam im Heck eine kalte Dusche nach der anderen, aber daran war er gewöhnt. Er beobachtete die Passagiere, die neben ihm saßen. Ein Paar auf Hochzeitsreise schaute sich ständig in die Augen, und links von ihm saß eine alte Dame in einem Schal, die ganz mit ihrem Rosenkranz beschäftigt war.

Auf den Augenbrauen des Kapitäns waren jetzt feuchte Perlen zu sehen, die mit dem Salzwasser nichts zu tun hatten. Wo blieb sein Kontaktmann? Hatte man ihn hereingelegt? Wollte man ihn auffliegen lassen? Schließlich hatte er es mit Leuten zu tun, die zu allem entschlossen waren. Würden die ihn eher opfern als auszahlen?

Nein, dachte der Holländer dann. Das würde keinen Sinn ergeben. Jetzt hatten sie einen regelmäßigen Kanal für ihre Ware; warum sollten sie den wegen einer Summe aufs Spiel setzen? Aber was war, wenn der Kurier mit dem Geld abhaute? Immerhin ging es um eine Viertelmillion in amerikanischen Dollar. Damit konnte man doch ewig leben.

Jacques saß bequem auf seinem Stuhl und rauchte eine Balkan Sobranie. Er betrachtete seine gepflegten Fingernägel und warf nur gelegentlich einen Blick auf die Passagiere.

Plötzlich hörte der Dieselmotor auf zu tuckern, als der Kapitän der Barkasse Kurs auf den Anlageplatz nahm. Dort wartete schon eine ganze Gruppe von Besuchern, die ihren Rundgang durch das Schloß bereits beendet hatten und jetzt wieder aufs Festland wollten.

Vielleicht stand der Kontaktmann in dieser Gruppe, überlegte der

Holländer. Sollte er wohl ins Museum gehen? Am Telefon hatte er doch nur die Anweisung bekommen, in der letzten Reihe zu sitzen und sich wie ein gewöhnlicher Tourist zu benehmen.
Einige Passagiere drängten sich schon um den Ausgang, wo der Laufsteg angelegt werden sollte. Der Holländer blieb sitzen und blickte sich nervös um. Ein Seil wurde an Land geworfen, und die Barkasse wurde an das Dock gezogen. Jetzt war der Kapitän endgültig überzeugt, daß niemand sich neben ihn setzen würde. Er stand auf und reihte sich in die wartende Schlange am Ausgang ein.
Jacques gehörte zu den letzten, die von ihren Plätzen aufstanden. In der Schlange fand er gleich hinter dem Kapitän Platz. Nur die beiden Hochzeitsreisenden trennten den Holländer noch von dem Laufsteg, als Jacques ihm ganz unauffällig den Plastikbeutel unter den Arm schob.

Im Turm des Château du Pharao sprudelte Inspektor Barthelmys Funkgerät los.
»Sie haben Kontakt zu dem Kapitän aufgenommen«, sagte er aufgeregt zu Doyle. »Ein hochgewachsener junger Mann mit hellbraunem Haar, etwa einsachtzig, sonnengebräunt, gut angezogen. Kannst du dir darunter etwas vorstellen?«
»Darauf kannst du Arsen nehmen!«
»Er hat dem Kapitän eine Flugtasche untergeschoben und ist dann in der Menge verschwunden. Aber meine Männer haben ihn an den Nieren.«
»Was?«
Barthelmy lächelte. »Das bedeutet, daß der junge Mann keine Möglichkeit hat, uns zu entwischen. Der Kapitän wird natürlich auch beschattet, aber bei ihm können wir einigermaßen sicher sein, daß er auf sein Schiff zurückkehrt. Halten müssen wir uns an den Kontaktmann, *n'est-ce pas*?«
»Und ob!« sagte Doyle. »Das ist Charniers rechte Hand. Wenn wir uns an den klammern, kriegen wir die Nummer eins, das Labor und genügend Stoff, um halb New York ins Reich der Träume zu schicken.«

38

Barthelmy hatte alle Strecken, die vom Alten Hafen ausgehen, mit seinen Leuten besetzt, Polizisten warteten an jeder Straßenkreuzung der Stadt. Der Inspektor hatte sämtliche verfügbare Einheiten eingesetzt – auf Motorrädern, in schnellen Autos oder Liefer-

wagen. Kriminalbeamte bevölkerten die gesamte Stadtmitte von Marseille, viele waren als Taxichauffeure getarnt. Hubschrauber standen in Alarmbereitschaft. Nichts war zu kostbar, um Jacques auf der Spur zu bleiben.
Diron, Barthelmy und Doyle verfolgten die Jagd über Funk vom Citroën aus und versuchten, in Reichweite der Beute zu bleiben. Dabei wurde bald deutlich, daß Jacques genau wußte, wie man Verfolger abschüttelt. Er bog ab, drehte sich um und scherte aus, so daß Barthelmys Schatten ständig wechseln mußten. Ein Taxifahrer folgte ihm ein Stück über die Cannebière, bis er von einem Fahrer mit einem Lieferwagen voller tunesischer Halva abgelöst wurde.
Der behende junge Mann eilte durch den Marché des Capucins, landete auf dem Boulevard Garibaldi und sprang auf einen anfahrenden Trolleybus, so daß der Spion in Seemannsuniform kaum mehr Gelegenheit hatte, auch noch in den Wagen zu kommen. Bevor der Trolley seine volle Geschwindigkeit erreicht hatte, war der durchtrainierte Jacques mit einem Satz wieder auf der Straße. Signale vom Dach des Hotel Noailles erreichten einen Hippie an der Ecke Cannebière und Rue Garibaldi, der sich prompt auf die Fährte des Flüchtenden setzte.
Als die Geschwindigkeit der Überwachung zunahm, wurde Doyle immer ungeduldiger, weil er selbst nichts unternehmen konnte. Er war es nicht gewohnt, eine solche Jagd per Kurzwelle zu verfolgen. Verständnisvoll sah Barthelmy ihn an.
»Für einen so jungen Kerl ist dein Freund ganz schön schlau.«
»Ja«, sagte Doyle nur.
Das Radio rasselte wieder, als der elegante junge Mann von einem Kaufmann in mittleren Jahren an einen Priester abgegeben wurde, der seinerseits zugunsten eines Fensterputzers exkommuniziert wurde. Niemand blieb länger als ein paar hundert Meter auf der Spur.
Jacques arbeitete sich nach Westen vor und näherte sich immer deutlicher dem alten Straßenbahndepot hinter dem Friedhof St. Pierre. Schließlich stieg er in der Impasse de Vignes in den abgestellten Mercedes. Überzeugt, daß er jetzt alle möglichen Beobachter losgeworden war, fuhr er noch knapp zwei Kilometer bis zum Labor.
Vor dem großen, schuppenartigen Gebäude hupte er zweimal, eine Garageneinfahrt mit elektrischer Kontrolle öffnete sich und verschluckte die graue Limousine. Zwei von Barthelmys Männern sahen von ihrem Straßenbahnreparaturwagen aus zu.
Barthelmy gab jetzt allen Polizeiwagen Anweisung, die Umgebung des Labors abzuriegeln. Der Erfolg der Jagd hatte Doyle tief beeindruckt.

»Jetzt haben wir sie zwischen den Klauen«, sagte der Inspektor zu Doyle. »Was deinen Charnier angeht, so halte ich es für fraglich, ob er dort ist. Leute auf der Ebene betreten eigentlich nur selten ein Laboratorium, aber wegen der Größe der Lieferung und der unmittelbar bevorstehenden Verladung hast du vielleicht Glück...« Er machte eine kurze Pause. »Wenn dein Mann überhaupt in Marseille ist.«

Während sie zu dem Rendezvous fuhren, zeichnete Barthelmy die Straßensperren in seinen detaillierten Stadtplan ein. Doyle war von der Operation vollkommen gefangengenommen. »Was ist denn mit diesem Friedhof, den du gerade erwähnt hast?« fragte er nach einem Blick auf die Karte. »Könnten die dadurch nicht entkommen?«

Barthelmy schüttelte den Kopf. »Auf deren Seite sind die Eingänge zum Friedhof verschlossen, und außerdem ist er von hohen Mauern umgeben. Dadurch kann niemand fahren.«

Barthelmys Wagen hielt an der Straßensperre bei Ste. Jeanne d'Arc, und der Inspektor kontrollierte ein letztes Mal, ob auch alle Einheiten bereit waren. Die Eisenbahnunterführung war durch zwei große *paniers* versperrt, die mit der Schnauze zueinander geparkt waren. Auf Barthelmys Signal fuhr einer zurück, so daß der Citroën passieren konnte.

Barthelmy beschloß, die übliche Taktik anzuwenden: ein blitzschneller Überfall mit einer kleinen Gruppe ausgewählter Männer, so daß eventuell aufgestellte Wachen am Straßenrand keine vorherige Warnung abgeben konnten.

Acht Beamte stießen zu Barthelmy, Diron und Doyle, keiner war in Uniform. Der Inspektor verglich noch einmal die Armbanduhren, dann gab er vier Polizisten den Auftrag, von hinten über die Impasse de Bédarieux an das Gebäude heranzugehen, während der Rest direkt über das Straßenbahndepot und die Rue Jean Aicard kommen würde. Diese Gruppe war bewaffnet.

Es war keine leichte Aufgabe für acht Männer in Regenmänteln, unter denen sie zum Teil Maschinenpistolen oder Handwerkszeug versteckt hatten, unauffällig durch das Gelände des Depots zu spazieren. Glücklicherweise war die Gegend fast menschenleer, und es war unwahrscheinlich, daß die Arbeiter reagieren würden – wenn sie nicht in Charniers Sold standen. Deshalb ging Diron als letzter und paßte auf, ob irgendein Arbeiter sich auf das Telefon im Hauptgebäude zu bewegte.

Auf der Rückseite des Straßenbahndepots deutete ein Kriminalbeamter in einem Taxi auf das Garagentor mit der elektrischen Kontrolle. Barthelmy blieb stehen und fragte Doyle: »Was meinst du dazu?«

»Sieht so aus, als wäre die große Garageneinfahrt unmöglich zu knacken«, überlegte Doyle. »Aber siehst du die kleine Seitentüre mit dem bißchen Drahtglas? Die würde ich mir vornehmen. Ein paar Schläge mit dem Brecheisen könnten da sicher eine Menge ausrichten... Bist du denn auch sicher, daß die Rückseite des Gebäudes abgesichert ist?«
»Natürlich«, sagte Barthelmy unwillig, aber Doyle war geschmeichelt, daß der Franzose ihn um Rat gefragt hatte.
Barthelmy sah auf die Uhr und hob den Arm. Die Gruppe wartete angespannt. Der Arm kam herunter, und das Überfallkommando stürmte mit Brecheisen auf die Seitentür und zwei kleine Fenster daneben los.
Doyle und Barthelmy kamen gleich nach dem Kommando an der Türe an. Es dauerte nur ein paar Sekunden, bis ein Loch in das Glas geschlagen war. Jetzt konnten die Männer durchgreifen und die Türe von innen aufreißen.
Schon der erste Schlag alarmierte die Besatzung des Labors. Charnier begriff die Situation sofort und übernahm das Kommando. Er brüllte Jacques, den Arbeitern und den Wachen zu, sie sollten die gepackten Pakete mitnehmen – acht Bündel von jeweils 25 Kilo. Er selbst nahm den schwarzen Posten mit den Stammesnarben und der Maschinenpistole mit und stürzte zu einem Seiteneingang.
Polizeiwagen bremsten kreischend im Hof und in der Sackgasse hinter dem Labor. Beamte verteilten sich über das gesamte Gebäude und schlugen die Türen ein. Aber das Haus war ein Labyrinth aus Winkeln, Treppen und Balkons.
Doyle und Barthelmy sprangen eine kurze Treppe hoch und entdeckten einen Wachposten in einer Nische. Bevor der auch nur seine Uzi in Anschlag bringen konnte, hatte Barthelmy ihn mit zwei Kugeln aus der alten Walther PPK zu Fall gebracht. Doyle wünschte sich jetzt, er hätte seine Waffe wiederbekommen.
Barthelmy stürzte durch eine Tür, Doyle und mehrere Polizisten blieben ihm auf den Fersen. Jetzt waren sie im eigentlichen Laboratorium. Posten auf dem Balkon feuerten auf sie herunter, um den Angriff aufzuhalten.
Barthelmy und Doyle warfen sich auf den Boden, die anderen gingen in Deckung. Doyle rollte in eine Nische in der Nähe des Fensters, durch das er auf der anderen Seite des Hofes zwei Gestalten über einen offenen Balkon hasten sah. Ein schwarzer Riese und ein weißer Bart. Charnier! Bei Popeye brannte eine Leitung durch.
Barthelmy lag flach hinter einem Tisch, und für Erklärungen war jetzt nicht die Zeit. Also griff sich Doyle eine kleine Eisenbank und zerschmetterte damit das Fensterglas. Er sprang durch die Öffnung und lief gebückt auf den Treppenansatz zu, hinter dem Charnier und seine Wache verschwunden waren.

Der letzte Posten auf dem Balkon beugte sich vor, um besser auf Doyle zielen zu können, wurde dabei jedoch von Diron getroffen, der hinter einer Eisensäule stand. In diesem Augenblick bemerkte Barthelmy Jacques, der durch die Balkontüre schlüpfte. Er hetzte hinter ihm her und sah ihn in der Garage verschwinden. Als Barthelmy und Diron dort ankamen, war ein Arbeiter gerade dabei, den Verschlag eines Lastwagens zuzumachen. Kugeln aus den Revolvern der zwei Wächter rissen Betonstücke aus der Wand hinter den beiden Polizisten, so daß sie sich sofort hinwerfen mußten.
Jacques schlug mit der Faust auf einen Knopf, und die großen Stahltore öffneten sich allmählich. Er machte einen Satz auf den Lastwagen zu. Diron und Barthelmy feuerten hinter ihm her, aber er erreichte das Steuer, legte den Rückwärtsgang ein, um einen anderen Wagen, der ihm im Weg stand, wegzuschieben. Barthelmy stürzte sich auf den Kontrollschalter und drückte auf den Knopf mit der Aufschrift »zu«.
Jetzt verlor Jacques die Beherrschung. Er trat mit voller Kraft auf das Gaspedal, und der kleine Lastwagen hechtete wie ein Tiger auf das Stahltor zu, das unerbittlich zuging. Der Wagen prallte heftig auf und wurde zerknittert wie eine Ziehharmonika. Jacques flog durch die Windschutzscheibe, und die Wucht des Aufpralls riß ihm den Schädel auf.
Die beiden Wachposten ließen ihre Uzis fallen und hoben die Hände.

39

Charnier und der Schwarze hatten einen Vorsprung von hundert Metern, und als sie auf die Friedhofmauer zustürmten, merkten sie gar nicht, daß Doyle ihnen folgte. Doyle erkannte die Uzi des Wachpostens und wußte, daß er in Deckung bleiben mußte. Das war nicht einfach, da er sich auf der großen, gepflasterten Fläche nur hinter ein paar geparkten Autos und einigen Betonpfosten verstecken konnte. Der Vorsprung verringerte sich auf 30 Meter, dann mußte Doyle stehenbleiben. Zwischen ihm und dem Friedhoftor lag keine Deckung mehr. Charnier war offensichtlich auf alle Fälle vorbereitet, denn er holte den Torschlüssel aus der Tasche.
Die beiden schlüpften durch das massive Tor, und Charnier warf es hinter sich zu. Doyle rannte vor und sah sich nach Hilfe um. Aus dem Labor hörte er Schüsse.
Rechts von ihm stand ein kleiner Reparaturwagen des Straßenbahndepots. Doyle sprang darauf, schaltete die Zündung ein und trat aufs Pedal. Der Eisenwagen hätte keinen Geschwindigkeitsrekord gebrochen, aber für seine Zwecke war er schnell genug. Er steuerte auf das Tor zu und sprang unmittelbar vor dem Aufprall

ab. Es krachte, und das Tor flog auf. Doyle stellte den Wagen ab und eilte auf den Friedhof.

Niemand war zu sehen. Vorsichtig überflog Doyle die Grabsteine, hinter denen Charnier und sein Wächter liegen konnten. Aber dann bemerkte er auf der anderen Seite des Friedhofs ein auffliegendes Tor, durch das die beiden Gestalten verschwanden.

Doyle spurtete über den weichen Turfboden und die Knochen ganzer Generationen toter Franzosen. Als er durch das Tor gestürmt war, schien die Straße vollkommen leer zu sein. Aber dann erblickte er rechts einen Trolleybus, der Passagiere einsteigen ließ – unter ihnen auch die Nummer eins. Von dem Schwarzen war nichts zu sehen.

Doyle war schon vollkommen außer Atem, und außerdem war ihm klar, daß ein hektischer Spurt unweigerlich die Aufmerksamkeit des Franzosen erregen würde. Also verfiel er jetzt in einen zügigen Spazierschritt, denn er wußte, daß der Bus immer wieder anhalten würde, und bei dem starken Verkehr hatte er eine Chance, seinen Gegner einzuholen. Hinter sich hörte er Polizeisirenen, und er wünschte sich, er hätte ein Walkie-Talkie. Oder ein Fahrzeug, vielleicht auch nur Rollschuhe. Sein Atem war nur noch ein Röcheln, aber er sagte sich ständig: »Diesmal entwischst du mir nicht, du Hurensohn, diesmal nicht.« Dabei war ihm klar, daß der Trolleybus nur ein paar Haltestellen auslassen mußte, um ihn abzuhängen.

Vor einem *tabac* sah er ein Fahrrad an der Mauer stehen. Er schnappte es und schwang sich in den Sattel, um dem verschwindenden Trolleybus zu folgen. Hinter sich hörte er die wütenden Schreie des Fahrradbesitzers, der auf die Straße gestürzt war und jetzt mit drohend erhobenem Arm hinter ihm herlief.

Gut, dachte Doyle, hoffentlich holt er die Polizei. Vielleicht bekomme ich ja auf diese Art Hilfe.

Der Trolleybus fuhr in Richtung Stadtmitte, und Doyle holte auf. Aber zu Beginn der Avenue de la République fuhr der Bus über eine gelbe Ampel, und Doyle hatte nicht die Absicht, wegen einer roten Ampel abzubremsen. Er segelte auf die Kreuzung und konnte gerade noch abspringen, bevor er mit einem Möbelwagen zusammenstieß. Das Fahrrad fuhr weiter und fand unter den Rädern des schweren Wagens ein unrühmliches Ende. Der Fahrer schüttelte wütend die Faust, als Doyle einfach weiterlief.

Jeder Atemzug brannte wie Säure, und Doyle sah nur noch rote Punkte vor den Augen. Bei diesem Tempo würde er den Trolleybus niemals erwischen. Da erkannte er gerade noch ein Taxi am Straßenrand. Er sprang darauf zu, aber die verdammten Türen waren geschlossen. Wütend hämmerte er gegen das Fenster und deu-

tete nach vorne. Der Fahrer zuckte die Achseln und zeigte auf eine Inschrift, die nur »außer Dienst« bedeuten konnte.
Vor ihnen war der Trolley gerade in eine Verkehrsstauung geraten. In heller Panik durchwühlte Doyle seine Taschen, bis er einen 50-Francs-Schein gefunden hatte. Damit wedelte er vor der Windschutzscheibe hin und her, und im Blick des widerstrebenden Fahrers erkannte er eine Andeutung von Zustimmung.

Jetzt hatte auch Charnier die hektische, verschwitzte Gestalt erblickt, die sich mit dem Taxifahrer stritt. Trotz der Entfernung hatte er sofort begriffen. Der Bulle aus New York!
Er wirbelte herum und bahnte sich einen Weg bis zum Fahrer, der einen Lastwagen verfluchte, weil er ihm die Weiterfahrt versperrt hatte.
Im Taxi hatte Doyle Schwierigkeiten, sich verständlich zu machen. Er zeigte nach vorne. »Immer dem verfluchten Bus nach!«
Der Chauffeur war verwirrt. *»Comment?«*
»Der Trolleybus, fahr hinter dem verdammten Trolleybus her, du bekloppter Franzose!«
»Comprends pas.« Der Fahrer zögerte noch immer, aber das Hupen hinter ihm zwang ihn, den Gang einzulegen und in die von Doyle verlangte Richtung zu fahren.
»Was ist denn los, du Vollidiot, bist du taub? Fahr hinter dem verfluchten Trolleybus her!« schrie Doyle jetzt mit noch größerer Lautstärke. Und in den Augen des Chauffeurs zeichnete sich Verständnis ab.
»Ah«, sagte er. *»Le trolley-bus!«* Er fuhr schneller.
Charnier holte die handliche Brown & Richardson 32 aus der Tasche. Die Pistole war sogar legal, da er sie als Mitglied der SAC tragen durfte. Er tippte dem Fahrer auf die Schulter und zeigte ihm die Waffe. Die Augen des Mannes weiteten sich vor Furcht.
»Keine Panik, alter Freund. Ich habe nicht vor, dir wehzutun. Aber ich will, daß du jetzt nicht mehr anhältst und so schnell wie irgend möglich durch diesen Verkehr fährst.«
Charnier zeigte jetzt nur noch wenig Ähnlichkeit mit dem gewieften, selbstsicheren Rauschgiftschieber. Sein Kragen war schweißgetränkt, und seine Hände zitterten. Er hatte das Gefühl, daß dieser Amerikaner seinen Untergang bedeutete ... dumm, tölpelhaft, aber nicht zu stoppen.
Der Trolleybus kam jetzt zu der langen Zufahrt zum Quai des Belges, der seltsamerweise kaum befahren war – vor allem weil auf der anderen Seite der Verkehr wegen Tiefbauarbeiten gestoppt war.
»Jetzt fahr zu, verstehst du?« bellte Charnier. »Und wenn dir dein Leben lieb ist, kümmerst du dich nicht um Verkehrsampeln.«
Einer der Passagiere erkannte jetzt die Pistole.

»Mon dieu! Le barbu a un pistolet!« Neben ihm schrie seine Frau auf.
Charnier wirbelte herum. »Raus mit euch!« brüllte er die letzten Passagiere an. Und zum Fahrer gewandt: »Mach schnell die Türen auf!«
Der Chauffeur drückte auf den Knopf, und die Fahrgäste hasteten auf die Straße.
»Jetzt los!« sagte Charnier und drückte dem Fahrer den Revolver ins Genick.
Der Mann drückte das Gaspedal durch. Nach zwei Kreuzungen wurde Charnier ungeduldig. »Schneller! Kannst du denn nicht schneller machen?« Hinter sich hörte er Sirenen, von denen er instinktiv wußte, daß sie ihm galten.
»Tut mir leid, Monsieur«, stammelte der Fahrer. »Aber der Motor ist so eingestellt, und schneller geht's nicht.«
Charnier schaute sich um. Das kleine Taxi setzte jetzt zum Überholen an. Er konnte sich gar nicht vorstellen, daß Doyle unbewaffnet war, und erinnerte sich an den Ruf des Amerikaners, zuerst zu schießen und dann Fragen zu stellen.
Seine feuchten Hände hielten die kleine Pistole umklammert. »Fahr einfach so schnell wie möglich weiter!«
Als sie auf die Kreuzung zukamen, schien der Weg frei zu sein, um den Quai des Belges rasch zu überqueren. Auf der anderen Seite sah Charnier einen Hoffnungsschimmer: In den kleinen Straßen rund um die Opéra konnte er seine Verfolger abschütteln.
Charniers Optimismus war unbegründet. Er wußte nicht, daß der Quai des Belges nur deshalb so leer war, weil Polizeiwagen ihn hermetisch abgeriegelt hatten. Die einzige Seite, die noch frei war, lag dem Alten Hafen gegenüber, und gerade in diesem Augenblick kamen Autos aus der Corniche John F. Kennedy herangerast, um auch dieses Loch zu stopfen.
Plötzlich fuhr der Lastwagen eines Fischgroßhandels mit aufheulendem Motor vom Bordstein los, um noch bei grün über die Ampel zu kommen. Zu spät sah der Fahrer den Bus, der wie eine Rakete auf ihn zuschoß. Er trat auf die Bremse und riß das Steuer herum.
Einen angespannten Moment lang fuhren die beiden Fahrzeuge im Zickzack nebeneinander her, und der Lastwagenfahrer tat alles, um den Zusammenprall zu verhindern. Dabei verlor er die Kontrolle über den Wagen, der jetzt mit Wucht gegen einen Eisenmast raste, der die Kabel über dem Trolleybus abstützte. Der Mast schwankte und sank dann langsam zur Straße, das Kabelnetz kam mit herunter. Die Funken flogen wie bei einem Feuerwerk.
Quietschend kam Doyles Taxi zum Stehen. Der Amerikaner war mit einem Satz auf der Straße, aber da hielt auch schon Barthelmys

schwarzer Citroën mit Blaulicht und eingeschalteter Sirene hinter ihm. Im Nu war der Inspektor neben dem Amerikaner.
»Was machst du denn, du Idiot? Du weißt doch, daß der Kerl bewaffnet ist! Und du hast keinen Revolver!«
»Das habe ich dir zu verdanken, du Schwein«, bellte Doyle und zerrte Barthelmy am Arm hinter sich her zu dem stillgelegten Trolleybus.
Charnier war umgefallen, kämpfte sich aber gerade wieder auf die Füße, und die Pistole hielt er noch immer umklammert. Der Fahrer lag bewußtlos über dem Steuerrad.
»Das ist er«, sagte Doyle und deutete auf den Bärtigen.
Barthelmy sah ihn entsetzt an. »*Das* soll Charnier sein? Unmöglich, das ist doch...«
»Wer?« fragte Doyle.
»Raymond du Verrier! Er gehört hier zur politischen Spitze und steht dem Bürgermeister sehr nahe; außerdem ein wichtiger Geschäftsmann, vor allem Import-Export.«
»Das kannst du wohl sagen«, witzelte Doyle.
Ein heruntergefallenes Kabel oberhalb des Busses krümmte sich und versprühte Funken nach allen Seiten.
Mit gezogenen Pistolen umstellten vier Polizisten den Bus.
»Komm, laß uns den Strom abstellen«, sagte Doyle gierig, «und diesen Schweinepriester da herausholen.«
Barthelmy ging zum Funkgerät im Auto.
»He, warte mal«, sagte Doyle. »Wenn wir diesen Kerl jetzt festnehmen, wenn wir diesen ›Spitzenpolitiker‹ einsperren, bringt das doch wohl nichts, oder doch? Der wird doch sofort von ganz oben herausgepaukt.«
Barthelmy zuckte die Achseln. »Schon möglich. Er ist ein Mann mit ausgezeichneten Beziehungen und sehr viel Macht.«
»Willst du mit dieser Schweinerei wirklich Schluß machen? Bist du auf meiner Seite oder auf der anderen?«
Barthelmy zögerte. »Ich stehe auf deiner Seite, aber...«
»Okay, wenn etwas passiert, wogegen du nichts unternehmen kannst, können die dich doch auch nicht rausschmeißen, richtig? Ich habe ihn doch gejagt, ich bin der Ausländer, der diesen Unfall verursacht hat.«
»Na und?« fragte der Inspektor.
»Nimm einfach deinen Revolver und sag dem alten Charnier, er soll mit erhobenen Händen aus dem Bus kommen.«
»Aber die Kabel?«
Doyles Augen bekamen einen irren Glanz. »Siehst du, jetzt hast du's gefressen.«
Barthelmy hatte verstanden. Entsetzt trat er einen Schritt zurück.

Doyle sprach jetzt mit völlig veränderter Stimme. Er klang ganz gleichmäßig und überlegt. »Hör mal, du hast doch schon tote und sterbende Junkies gesehen. Dieser Kerl hat tausende davon überhaupt erst fabriziert. Er verkauft pures Gift... Er ist ein Mörder, und du bist ein Cop, Henry.«
Barthelmy hatte das Gefühl, er hätte gerade das elegante Plädoyer eines Staatsanwalts gehört. Er ging auf die Bustüre zu, die ein Stück aufgesprungen war, als ihre Luftdruck-Kontrolle außer Betrieb gesetzt worden war. Charnier legte auf ihn an.
»Schießen wird Ihnen nicht helfen, Monsieur de Verrier«, sagte Barthelmy durch die Türöffnung. »Die ganze Umgebung ist abgesperrt. Wenn Sie mit uns kommen, läßt sich vielleicht etwas arrangieren. Bitte kommen Sie friedlich mit!«
Charniers Gesichtsausdruck war ängstlich. Er hätte die Fahrgäste doch im Bus behalten sollen, dann könnte er sie jetzt als Geiseln benutzen. Aber in der Aufforderung des Polizeioffiziers schien auch ein Angebot oder ein Versprechen zu stecken. Widerwillig steckte er die Pistole in die Tasche und ging auf die Türe zu. Als er den Metallgriff umfaßte, erzitterte sein ganzer Körper wie in einem epileptischen Anfall und erstarrte dann. Seine Handfläche verkohlte bis auf die Knochen. Auf dem Dach tanzte das herabgestürzte Kabel.
»Oh mein Gott!« rief Barthelmy mit gespieltem Entsetzen. »Stellt den Strom ab!... Schnell«, brüllte er zu Diron hinüber. »Sagt denen, sie sollen die Hauptleitung abstellen!«
Diron setzte sich an das Funkgerät, und innerhalb einer Minute hörten die Funken auf dem Dach auf zu sprühen.
Barthelmy und Doyle rissen die Bustüren auf. Charniers Körper fiel auf das Kopfsteinpflaster. Hinter dem weißen Bart war das Gesicht violett angelaufen, die Hand war verbrannt.
Barthelmy und Doyle sahen sich gegenseitig an.
»Armer Charnier«, sagte Doyle ohne jede Trauer.
»*Pauvre du Verrier*«, murmelte Henry ebenso ungerührt.

40

Die beiden Kriminalbeamten saßen auf der Terrasse des Samaritaine und beobachteten die Fischereiboote und Yachten im Alten Hafen. Doyle trank einen *pastis* 51, Barthelmy einen White Label mit Soda. Der Inspektor blickte auf die Uhr.
»Wir haben nur noch wenig Zeit, bis das Flugzeug abfliegt, und du wolltest doch noch jemanden im Flughafen besuchen...«
Doyle nickte und schlürfte geistesabwesend seinen *pastis*.

»Weißt du, Henry, wenn man sich einmal daran gewöhnt hat, ist es hier eigentlich doch ganz schön.«
Neugierig sah Barthelmy um sich. »Wenn du mich fragst, kann ich diese Stadt nicht ausstehen. Wenn ich da an Paris denke...«
»Ach, ich weiß nicht«, meinte Doyle. »Hier habt ihr schönes Wetter, und inzwischen mag ich diese Fischsuppe, den *pastis*...«
»... und einige unserer Frauen«, ergänzte Barthelmy lächelnd.
Doyle nickte. »Und wie. Jetzt wirkt alles sehr friedlich, und ich glaube fast, daß ich es vermissen werde.«
»Hast du es nicht eilig, nach New York zurückzukommen?« fragte Barthelmy.
»Eine ganze Reihe von Leuten werden nicht sehr glücklich sein, daß ich wiederkomme«, sagte Doyle verbittert. »Wenn ich heil durch die Flughafentore komme, habe ich schon großes Glück.«
Barthelmy lächelte wieder. »Dann solltest du vielleicht hier bleiben.«
»Nein«, sagte Doyle. »Für mich ist New York wie eine große, gemeine, alte Hure. Gemein, aber wunderschön. Ich glaube nicht, daß ich anderswo glücklich sein könnte.«
Barthelmy sah noch einmal auf die Uhr. »So, jetzt müssen wir aber wirklich los, sonst hast du am Flughafen keine Zeit mehr.«
Im Flughafen entschuldigte sich Doyle: »Ich bin gleich zurück, muß mich nur noch von jemandem unten verabschieden.«
»Du wirst mir doch nicht durch die Lappen gehen und doch in Frankreich bleiben?«
Doyle grinste. »Nein, diesmal verschwinde ich wirklich. Vertraust du mir?«
Barthelmy zuckte die Achseln, und Doyle trottete zu der Treppe, die zu den Autovermietungsbüros führte.
Mit der roten Kappe und der Uniformjacke saß sie am Schalter. Ein ungeduldiger Deutscher trat von einem Fuß auf den anderen und wollte endlich seinen Wagen haben.
Françoise blickte auf und sah den Amerikaner auf sie zukommen. Sie drehte sich um und bat ihre Kollegin: »Geneviève, würdest du dich bitte um Monsieur Schwaber kümmern?«
Sie ließ den verblüfften Deutschen stehen und rannte auf Doyle zu, der sie mit offenen Armen erwartete.
Beide schienen etwas überrascht, daß die Umarmung so heftig ausfiel.
»Ich bin traurig, daß du weg mußt«, sagte Françoise.
»Bist du sicher, daß du nicht mitkommen willst?« fragte Doyle, nur halb im Scherz.
»Nein, chéri, ich gehöre nun mal hierhin. Amerika habe ich schon einmal ausprobiert. Das ist nichts für mich, und ich fürchte,

Frankreich ist nichts für dich.«
Doyle lächelte. »Mit dir könnte ich mich schon daran gewöhnen, aber vielleicht hast du recht.«
Sie nahm ihn an der Hand und zog ihn an der Gepäckausgabe vorbei.
»Wohin gehen wir denn?«
»Hinten haben wir ein kleines Zimmer, wo wir uns manchmal ausruhen. Da können wir beide eine Weile allein sein.«
Doyle errötete.
Zwanzig Minuten später stand er wieder bei Barthelmy am Abflugtor.
»Ich habe ein Geschenk für dich«, sagte der Franzose.
»Oh Gott, das war doch wirklich nicht nötig.«
Barthelmy gab ihm einen großen Umschlag.
Doyle spürte das Gewicht. »Meine Pistolen! Auf die habe ich mich schon gefreut.«
»Ach, du kommst doch ganz gut ohne sie aus. Beim Zoll sind sie angemeldet.«
Doyles Lächeln war grimmig. »Ich glaube, ich werde sie benötigen, sobald ich wieder in New York bin. Ach übrigens, Henry, vielen Dank, daß du mir den Namen der Ratte gesagt hast, die mich hier abschießen lassen wollte.«
»Tu mir einen Gefallen und vergiß ganz schnell, woher du den Namen weißt.«
»Okay ..., also ... oh revoah«, sagte Doyle und streckte die Hand aus.
Aber Barthelmy packte ihn bei den Schultern und küßte ihn auf französische Art kurz auf beide unrasierten Wangen.
»*Au revoir,* Popeye.«

Mord
-Geschichten für lüsterne Krimileser

Dorothy Sayers
Die neun Schneider
Roman
Band 641

Kriminalgeschichten
Band 739

Mein Hobby: Mord
Roman
Band 897

Rendez-vous zum Mord
Kriminalgeschichten
Band 1077

Die geheimnisvolle Entführung
und acht andere Kriminalgeschichten
Band 1093

Lord Peters Hochzeitsfahrt
Roman
Band 1159

Ein Toter zu wenig
Roman
Band 1368

Lord Peters schwerster Fall
Roman
Band 1433

Michael Molsner
Rote Messe
Kriminalroman
Band 1415

Sir Hugh Greene (Hg.)
Die Rivalen des Sherlock Holmes
Viktorianische Detektivgeschichten 1/2
Band 1424/1425

Maurice Leblanc
Der Kristallstöpsel oder Die Mißgeschicke des Arsène Lupin
Kriminalroman
Band 1361

813 – Das Doppelleben des Arsène Lupin
Kriminalroman
Band 1385

Margarete Millar
Die Süßholzraspler
Kriminalroman
Band 1484

Celia Fremlin
Klimax oder Außerordentliches Beispiel von Mutterliebe
Kriminalroman
Band 1563

Einige Morde
Mordgeschichten
Band 1067

FISCHER
TASCHENBÜCHER

Spannende Romane

Paul Bonnecarrère/
Joan Hemingway
Unternehmen Rosebud
380 Seiten, Leinen

James Jones
Kraftproben
592 Seiten, Leinen

Mai in Paris
348 Seiten, Leinen

Das Messer und andere Erzählungen
301 Seiten, Leinen

Die Pistole
202 Seiten, Leinen

Das Sonnenparadies
882 Seiten, Leinen

Verdammt in alle Ewigkeit
816 Seiten, Leinen

Roger Borniche
Duell in sechs Runden
416 Seiten, Leinen

Schach und Matt
376 Seiten, Leinen

Kevin Klose/
Philip A. McCombs
Operation Taiphun
284 Seiten, Leinen

Joseph Hayes
An einem Tag wie jeder andere
(S. Fischer Sonderausgabe)
320 Seiten, Leinen

bongo bongo bongo
347 Seiten, Leinen

Eine lange dunkle Nacht
385 Seiten, Leinen

Der dritte Tag
368 Seiten, Leinen

Zwei auf der Flucht
376 Seiten, Leinen

S. Fischer